DAVID MALOUF

W0220844

L'Infinie Patience des oiseaux

ROMAN TRADUIT DE L'ANGLAIS (AUSTRALIE)
PAR NADINE GASSIE

ALBIN MICHEL

Titre original :

FLY AWAY PETER

Publié pour la première fois par Penguin Books Australia en 1983.

© Éditions Albin Michel, 2018, pour la traduction française.
© David Malouf, 1982.

ISBN : 978-2-253-24062-4 – 1re publication LGF

L'INFINIE PATIENCE DES OISEAUX

Pour Elizabeth Riddell

« Quoi qu'il puisse être par ailleurs, l'homme est une exception. S'il est inexact qu'une créature divine a déchu, alors nous pouvons seulement dire qu'un des animaux a complètement perdu la tête. »

G. K. CHESTERTON

« Voici le pain du temps à venir,
Voici sa pierre effective. Le pain
Sera notre pain, la pierre sera
Notre lit et nous dormirons la nuit.
Nous oublierons le jour, sauf
Les instants où nous choisirons de jouer
Le pin imaginé, le geai imaginé. »

Wallace STEVENS

1

Toute la matinée, loin là-bas sur sa gauche où la lumière des marais finissait et les terres agricoles commençaient, une forme disgracieuse s'était élevée hors d'un pré invisible et avait décrit de lents circuits dans l'air, grimpant, piquant, ballottant un peu, puis disparaissant sous les arbres.

La terre là-bas s'élevait progressivement en direction de montagnes lointaines, d'un bleu intense, qui à cette heure de la journée étaient bleu pâle mais se rapprocheraient plus tard du pourpre. Les marais étaient bordés d'arbres à thé dont certains se dressaient en eau peu profonde, qu'ils teintaient d'un brun tabac. Leur lumière était ternie par l'ombre de nuages ; puis comme si une main invisible les eût essuyés d'un linge, ils s'illuminèrent, flamboyèrent, et l'argent transparut.

Une vaste population d'oiseaux aquatiques vivait là et l'on trouvait, dans les pâturages et le pays boisé au-delà, des loriquets, des perruches, ainsi que les différentes familles de pigeons – ptilopes et colombines, à l'occasion un carpophage à double huppe ou une colombine marquetée –, et au-dessus de tout, les oiseaux de proie, faucons et crécerelles. La grande ombre cependant était celle d'un biplan qui toute la matinée avait volé, enchaînant altitude et piqués, la toile bien tendue entre ses mâts, toutes ses cordes de piano chantant. C'était une présence nouvelle ici, qui mettait Jim Saddler mal à l'aise. Il l'observait du coin de l'œil, dérangé par sa masse, par l'absence de but de ses apparitions et disparitions derrière la cime des arbres, par le manque de régularité de ses lourds passages et par le bruit qu'il faisait, lequel créait également une perturbation et était inédit.

Là-bas, derrière lui, à l'endroit où tous ces marécages se déversaient dans le Pacifique, il y avait le sable des dunes, maintenu par du pourpier violet et des buissons bleus, puis l'océan : sur des milles et des milles. L'on pouvait marcher pendant des heures le long de la blancheur sifflante des vagues sans jamais rencontrer âme qui vive. Rien que des bandes de mouettes et des huîtriers à long bec s'affairant au-dessus de la lumière humide, s'arrêtant, repartant : non pas au hasard mais à la poursuite de minuscules crabes quasi transparents et laissant derrière eux de nettes empreintes à trois doigts.

Il avait dans la tête une carte très claire de tout cela, comme si à tout moment de son observation de telle ou telle portion du territoire, allongé là à plat ventre, à l'affût d'un changement de forme ou de couleur trahissant la présence d'un petit corps, il voyait également la scène de très haut, tel un faucon, ou ce type dans sa machine volante. Il évoluait toujours sur ces deux plans, à travers ces deux mondes : le monde plat des brins d'herbe individuels, vus de si près qu'ils en étaient flous, où fusaient çà et là les espèces se nourrissant au sol, harponnant des vers, et la vaste perspective dans laquelle se déployait toute cette partie du pays telle une carte en relief dans les bureaux du comté – océan, plage, marécages, prés salés, versants de collines sèches couvertes de forêt, pics bleus déchiquetés. Chaque étagement assurait la subsistance de sa propre faune d'oiseaux : la frontière territoriale de chaque espèce y était tracée, invisible mais nette, les oiseaux étant libres de la franchir mais ne le faisant pas ; ils restaient, pour la plupart, à l'intérieur de strictes limites. Ils restaient. Puis enfin, lorsque le temps était venu, ils levaient le camp et partaient ; s'envolaient en groupes, en couples ou bien seuls, pour retourner d'où ils venaient et où ils vivaient l'autre partie de l'année, loin derrière la courbure de la Terre, dans les îles australiennes ou bien en Chine ou en Europe.

Tenant l'un d'eux dans ses jumelles, Jim avait également conscience de cela. *Cette créature que j'ai pu prendre si facilement dans mes mains, dont j'ai pu sentir le cœur battre et les fortes ailes palpiter contre mes paumes, a volé plus loin et même plus haut que cet aéroplane disgracieux. Elle a été jusqu'en Sibérie. Son minuscule œil vif a vu quelque chose de vaste. Toute une moitié de la Terre.*

Le biplan réapparut, grimpant presque à la verticale contre le soleil. Des oiseaux s'éparpillèrent et s'envolèrent dans toutes les directions. L'engin se laissa retomber parmi eux, si grand, si gauche, si bruyant... Se demandaient-ils ce que mangeait celui-là ? Cent fois plus grand que n'importe quel faucon, ou aigle, il devait avoir un appétit monstrueux. Gardaient-ils leurs yeux perçants sur lui ?

L'œil de Jim était fixé sur la poule sultane. Il l'observait depuis près d'une heure avec une paire de jumelles que lui avait fournie Ashley Crowther. Il y avait là un nid sur une plate-forme, parmi les roseaux, avec peut-être cinq ou six œufs d'un brun crémeux.

Ashley Crowther était un jeune homme, guère plus âgé que lui, qui avait été au pensionnat en Angleterre, puis à l'université à Cambridge, et était récemment revenu gérer les terres de son père. Il possédait tout ce qui s'étendait au-delà des marécages, et des marécages jusqu'à l'océan. Le biplan décollait de l'un des prés d'Ashley Crowther et son pilote, devinait Jim, était l'un de ses amis. Désormais, il y avait régulièrement des invités le week-end à la propriété, des jeunes gens, et aussi des dames, qui arrivaient en automobile, coiffés de casquettes ou la tête entourée d'un voile afin de se protéger de la poussière des routes de campagne, pour monter à cheval, partager de grands repas dans la maison éclairée de lampes à pétrole et danser au son d'un gramophone sur la véranda.

Les marais aussi appartenaient à Ashley et, comme les oiseaux l'intéressaient, il avait chargé Jim de leur observation et du relevé des différentes dates de départs et arrivées. C'était une idée nouvelle qui venait d'Europe, même si le Queensland avait voté une loi de protection des oiseaux près de quarante ans plus tôt, bien avant tout autre endroit de l'Empire britannique.

Ashley, mâchonnant un brin d'herbe, s'était assis sur une souche et regardait les marais d'un œil rêveur, et Jim avait d'emblée reconnu en lui un homme à qui il pourrait parler, même s'ils n'avaient pas encore échangé un mot ; et il avait dansé d'un pied sur l'autre, peu habitué à ce genre de situation, ne sachant pas très bien où elle pourrait conduire. Ce n'était pas son rôle de lancer la conversation.

« Écoutez », avait dit Ashley.

Sans préambule, comme si la chose tout entière venait à l'instant même de prendre forme dans sa tête, il avait exposé son projet ; et Jim, qui jusque-là n'était ni plus ni moins qu'à la dérive et aurait pu continuer à dériver aussi loin que la ville pour y devenir ouvrier ou conducteur de tramway, avait immédiatement saisi la portée de la chose et senti toute sa vie changer. Un instant plus tôt, ce type singulier lui était inconnu. Et voilà maintenant qu'il lui tendait sa main à serrer, et il y avait entre eux toute la lumière des marais et leur vie grouillante dont Jim aurait désormais l'entière responsabilité.

Lui-même avait vingt ans, et Ashley Crowther était un jeune homme élancé de vingt-trois ans à l'élocution maladroite, qui paraissait par moments ployer sous le poids de sa chaîne de montre et qui butait non seulement sur les mots, mais aussi sur ses bottes. Mais il avait dit : « Eh bien, en ce cas, vous êtes mon homme », car il avait cette sorte de pouvoir, et le sort de Jim avait été scellé. Toutes les possibilités qui, au cours des deux dernières années, l'avaient tiraillé et tourmenté – la ville, le mariage, la boisson, la perspective de trente années de plus à traîner ses bottes dans la sciure de l'Angler's Arms, à lire la page des sports, les pieds en appui sur la tête de lit pendant que la pluie gouttait dans une cuvette sur le plancher de sa chambre, la morosité et le ressentiment contenu, mâchoires serrées, au fil de mois où tous les jours seraient des dimanches – s'étaient brusquement retirées et dissipées. Il avait été affranchi de sa propre vie.

« Jim est un nouvel homme », avait annoncé son père au pub à ses compagnons de comptoir avec une consternation étudiée. Hormis les revers de fortune occasionnels, il avait projeté pour Jim une vie aussi monotone que la sienne. C'était inévitable, professait-il, « pour les gens comme nous ».

« Qu'est-ce que ça veut dire ? avait failli demander Jim. Les gens comme nous ? » Mis à part le lien de sang fortuit, il ne voyait rien de commun entre son géniteur et lui et s'insurgeait contre cette lâche acceptation de la défaite qui poussait son père à considérer ce revirement de chance pour lui comme un affront personnel. Mais il s'était pris assez de calottes du vieux, pour des interrogations nettement plus bénignes que ça, pour savoir qu'il est des questions qu'il vaut mieux ne pas poser.

« T'es un sacré imbécile, lui avait dit le vieux, si tu fais confiance à c'te clique, avec leurs accents chics et leurs idées modernes. Et leurs machines ! T'aurais plutôt intérêt à te trouver un boulot à Brisbane et qu'on en parle plus. T'aurais intérêt, tu m'entends ? Sacrément intérêt ! » Et du poing, il avait cogné dur dans la paume de sa main.

Il y avait chez son père une espèce de sauvagerie dont Jim se tenait prudemment à l'écart, non parce qu'il redoutait d'en être physiquement la victime – il l'avait été bien souvent et ça n'était pas la mer à boire, c'était purement physique – mais parce qu'il ne souhaitait pas être contaminé. Elle était, cette sauvagerie, d'une espèce capable de souffler le monde. Rien n'était autorisé à exister sous son haleine sans en être noirci, coupé à la racine, sabré et, une fois mis en pièces, exposé comme ayant un noyau aussi pourri que le sien. Son père avait eu la vie dure mais cela n'expliquait pas tout. « Moi, *mon* paternel, il m'a fait trimer dès l'âge de dix ans. Attelé à la charrue comme un foutu animal. Et envoyé dormir dans la paille. Je t'en passe et des meilleures ! » D'accord, mais ça ne suffisait pas à expliquer ce qu'il était. La même chose était arrivée à d'autres à l'époque ; en plus, aurait pu lui opposer Jim, m'as-tu traité beaucoup mieux ? Non, le regard funeste que son père portait sur le monde était sans raison ; il était, tout simplement.

Jim avait ravalé son ressentiment et décidé de ne pas en dire plus. Pour ce qui était d'Ashley Crowther, il prendrait le risque. Quelque chose, dans le silence qui avait existé entre eux lorsqu'ils étaient restés simplement assis sur une souche et qu'Ashley avait croisé les jambes et posé son menton dans la paume de sa main, incitait Jim à croire qu'il pouvait exister un terrain d'entente entre eux, quelles que soient leurs différences. Il y avait chez Ashley un silencieux respect pour des choses que Jim aussi respectait.

Rien de tout cela n'avait eu besoin d'être dit. Ashley bredouillait trop pour expliquer quoi que ce soit et Jim aurait été embarrassé de l'entendre énoncer, mais il comprenait. Toute cette eau, tous ces rameaux, toutes ces feuilles, toutes ces petites touffes de carex et de joncs qui offraient de si bons lieux de nidification et de si bonnes aires d'alimentation appartenaient de façon inaliénable aux oiseaux. Les droits qu'un homme pouvait se voir octroyer par la Couronne, que ce soit pour quatre-vingt-dix-neuf ans ou à perpétuité, étaient d'un autre ordre et ne signifiaient pas exactement ce qu'ils disaient. Cet homme étrange, avec son gilet et sa montre à gousset, sa cravate en soie à pois et son accent britannique, l'avait compris d'emblée.

Mais il y avait plus. Il y avait également, de la part d'Ashley, une façon de reconnaître que Jim aussi avait des droits ici, que ces arpents de terre pouvaient également, quoique d'une autre manière, lui appartenir. Semblables droits étaient anciens, et profonds. Ils résidaient dans la connaissance qu'avait Jim des moindres brins d'herbe et gouttes d'eau des marais, de la moindre patte d'oiseau qui s'y posait ; dans le fait qu'il avait une vision du lieu et le pouvoir de donner souffle à cette vision ; dans le fait, surtout, qu'il avait des noms pour désigner les choses et, en ce sens, les possédait. Cela allait bien au-delà des simples conventions ou de la loi.

Il y avait là-dedans, songeait Jim, quelque chose qui répondait à sa question muette : « Qu'est-ce que ça veut dire, les gens comme nous ? » en la neutralisant dans une perspective plus vaste, et c'était à cela qu'il était prêt à donner sa confiance. Cette perspective était celle d'Ashley, et elle était généreuse. Elle faisait une place à Jim et laissait aussi de l'espace pour les va-et-vient de mille variétés d'oiseaux, y compris les plus exotiques.

2

Ashley Crowther était rentré au pays après plus de douze ans, pour s'y découvrir moins étranger qu'il ne s'y attendait.

Il avait été au pensionnat en Angleterre, puis à Cambridge, et enfin en Allemagne durant un an pour y étudier la musique, et il aurait pu, n'importe où de ce côté-là du monde, passer pour un gentleman anglais. Il en avait le ton ; il en avait la mise – il était très attaché aux gilets et montres à gousset, affectation à laquelle, il s'en rendait compte, il risquait de devoir renoncer sous ce nouveau climat ; il savait comment traiter serveurs, porteurs, livreurs, etc., avec un juste mélange d'autorité, de condescendance et de jovialité. Il était cultivé en toutes choses et son oisiveté, comme l'aurait appelée les gens d'ici, ne lui infligeait aucun scrupule. Il accordait un vif intérêt aux questions sociales et voyait assez clairement qu'il y aurait, dans les années à venir, beaucoup à faire, des prises de position à défendre, des forces auxquelles résister, des changements à opérer et à assumer. Cette idée l'emballait. Il approuvait le changement. Avec tout cela à quoi penser, il ne considérait pas nécessaire d'avoir une vocation, un métier désigné, rémunéré et subi un certain nombre d'heures par jour, pour être un individu sérieux.

Ashley Crowther était un individu très sérieux. Il était rêveur, certes, et bredouillait sous l'effet de la nervosité, mais il aimait ce qui était pratique, ce qui fonctionnait, et au cours des trois années écoulées depuis sa majorité, il avait possédé quatre automobiles. Aujourd'hui, il s'intéressait à la chose nouvelle entre toutes : les airs. Il n'était pas pilote lui-même mais son ami Bert l'était et, là comme ailleurs, Ashley se satisfaisait de jouer les mécènes et de regarder.

Des deux catégories sommaires en vigueur à Cambridge, athlète ou esthète, il s'était retrouvé bon gré, mal gré dans la seconde. Il n'avait jamais été très bon dans les disciplines sportives – son extrême maigreur le défavorisait – et il jouait non seulement du piano, Chopin et Brahms, mais savait aussi siffler tous les *leitmotivs* du *Ring* de Wagner. Cependant, ayant passé son enfance au grand air, il n'avait jamais perdu son goût pour les grands espaces et les horizons lointains, son plaisir à grimper, chevaucher, sortir pique-niquer ; et les créatures animales dont il avait été entouré dans ses jeunes années n'avaient jamais déserté ses rêves. Celles-ci, évoluant comme elles le faisaient dans l'autre moitié du monde, aux antipodes des réalités de celle qui recevait la lumière du jour, avaient conservé leur pouvoir primitif et l'avaient maintenu en contact avec un continent loin duquel on l'avait envoyé à l'âge de onze ans mais qu'il n'avait jamais entièrement quitté. Peut-être était-ce la raison pour laquelle, quand il y était revenu à vingt-trois ans, il n'y était pas un étranger.

À son réveil ce tout premier matin dans la grande maison – non pas dans sa chambre, la chambre de son enfance, mais dans la grande chambre de maître puisque c'était désormais ce qu'il était –, il avait été submergé par la familiarité des choses : le contact de l'air sur sa peau (trop chaud) ; l'intensité de la lumière même à sept heures moins vingt (ç'aurait pu être midi ailleurs) ; et par-dessus tout (car c'était là ce qui pénétrait au plus près du centre de son être) le grand son englobant qui montait de la terre éblouissante, une musique en couches superposées, dense mais profondément fluide, composée d'insectes frottant leurs élytres, de notes d'oiseaux, de brins d'herbe bruissant et frémissant dans la brise. Ce son l'avait immédiatement élevé et ramené en arrière. Il était sorti en pyjama sur la véranda – nul besoin de robe de chambre, même la plus légère – et le son était là, tout autour de lui : le paysage entier en vibrait. La terre plate avait été transposée en une autre forme et rendue accessible à un autre sens. Une exubérante psalmodie dont le vrombissement, le palpitement, le sifflement exalté par tant de gorges distendues avaient constitué la basse obstinée, s'apercevait-il, de toutes les musiques qu'il avait jamais connues. C'était le son auquel le mouvement de son être tout entier s'accordait. Debout pieds nus sur les planches rugueuses, il le laissa emplir son oreille.

« Comment peux-tu t'y résoudre ? avaient demandé ses amis de là-bas, s'apitoyant mais admirant son courage, qu'ils exagéraient cependant.

— C'est mon destin », avait-il répondu.

La formule lui plaisait. Elle résonnait d'un accent solennel et définitif. Mais quoi qu'il en soit, maintenant qu'il était ici, il était heureux de découvrir qu'il n'était pas un étranger, et d'éprouver, en promenant son regard sur le paysage, la satisfaction de la propriété et de la continuité.

C'était son grand-père qui s'en était porté acquéreur et avait apposé son nom sur les actes ; mais il était mort alors que dans sa tête l'endroit était encore à l'état sauvage, un embryon, guère plus, de ce dont il avait posé les jalons sur ce continent étrange et étranger auquel il appartiendrait à ses enfants de donner réalité. La majeure partie de ce qu'il avait sous les yeux était l'œuvre du père d'Ashley. Et désormais, c'était à lui.

Tout y était encore à faire – cela se voyait d'un seul coup d'œil. Mais Ashley voyait les choses différemment de son père et de son grand-père. Ils avaient toujours eu à l'esprit une image apportée de « chez eux » en Angleterre, celle de champs ordonnés séparés par des haies, une image dont le présent paysage, à force de planification et d'aménagements, pourrait un jour être amené à se rapprocher. Mais pour Ashley, ce paysage était le premier qu'il avait connu et il ne cherchait pas à y superposer un autre, plus verdoyant : ce paysage-là existait en lui-même. À son retour, il avait découvert qu'il aimait son mélange de bleus et verts poudreux, ses contours broussailleux, son immensité, la sensation qu'il donnait de n'être pas fini et de n'offrir aucune perpective de l'être un jour. Ces choses-là parlaient d'espace, et d'un temps dans lequel la nature pouvait être livrée à elle-même et néanmoins donner ce qu'elle avait à donner : il y avait là cette sorte d'abondance. En dépit de son raffinement, Ashley appréciait ici ce qui n'était pas fait et pouvait, sans dommage, être laissé en l'état.

Il y avait plus, dans la conception du monde d'Ashley, qu'auraient pu le suggérer ses vêtements formels – même si à cet instant, pieds nus sur les planches rugueuses, il en était de fait dépouillé – ou ses manières formelles, dues à sa timidité, et dont il n'était pas si aisé de se débarrasser.

Après le petit-déjeuner, il se changea pour une chemise de coton, un pantalon de twill, des bottes et un chapeau à large bord, et partit faire le tour de sa propriété à cheval, commençant par le petit enclos ceint d'une grille en fer forgé où ses parents, ses grands-parents et plusieurs de ses jeunes frères et sœurs étaient enterrés sous des pierres sculptées.

Les « Monuments », ainsi qu'on les appelait, n'étaient visibles de la maison que lorsque le grand champ de blé était nu, car ils se dressaient exactement en son milieu. Ashley se rappelait comment, enfant, il se faufilait parmi les tiges bruissantes afin de trouver l'endroit, sa cité ancestrale perdue, ou s'asseyait sur l'un des poteaux de la clôture pendant que la moissonneuse, progressant en larges cercles concentriques, la révélait peu à peu : de hautes colonnes solitaires dressées parmi le chaume aplani, déjà si tachées et ébréchées à l'époque qu'elles auraient bien pu être d'authentiques monuments historiques remontant à plusieurs siècles et non à une petite vingtaine d'années, au tout premier décès. Il se dirigea vers elles à travers les grands épis de blé et se tint un instant en selle, chapeau bas. Puis il reprit sa chevauchée.

Il en avait vu beaucoup ce jour-là, mais pas la totalité, loin s'en fallait – pour cela il lui faudrait des semaines, voire des mois. Le soir, après s'être lavé et changé, il s'était assis seul sur la véranda et avait décidé de faire à nouveau de cette maison un lieu ouvert où viendraient les gens. Il ne pouvait garder tout cela, non plus que l'excitation qu'il en concevait, pour lui seul. L'atmosphère brumeuse de l'heure, le bleu des collines qui s'intensifiait et tous les sons de la nuit qui s'amplifiaient : c'était trop bon pour ne pas le partager, et Ashley était généreux de nature.

En l'espace de deux mois, il avait fait tout cela.

Il avait visité la plupart des endroits de la propriété et acquis une vision claire de chacune de ses activités variées et des hommes chargés de les superviser ou de les exécuter. Lorsqu'il consultait les livres du régisseur, il voyait à présent de vrais visages derrière les noms et, derrière les chiffres, des lieux clôturés ou sauvages, et il savait dorénavant à quoi tout cela équivalait en heures travaillées et en distance parcourue. Cela s'était progressivement inscrit en lui, douloureusement d'abord puis agréablement, pénétrant ses muscles secs et nerveux au cours de journées passées à chevaucher, marcher ou s'asseoir au soleil à bavarder.

La maison aussi s'était vu offrir une vie nouvelle. Des invités venaient passer le week-end et séjournaient dans les grandes chambres donnant sur la véranda avec leurs armoires en cèdre, leurs coiffeuses carrelées et leurs cuvettes en faïence. Ils sortaient y flâner au petit matin, attirés au-dehors par l'éclat de la lumière, et s'asseyaient le soir dans de profonds fauteuils coloniaux pour jouir du crépuscule pendant qu'Ashley, complétant la musique du paysage, jouait pour eux sur un piano droit. Dans la salle à manger, sous un ventilateur, ils partageaient de plantureux repas, pouvant choisir au petit-déjeuner entre quatre sortes de confitures et deux de miels, dont l'un en rayons, et au dîner entre les sauces et les condiments, le tout disposé sur un plateau tournant ; ils emportaient de quoi pique-niquer au bord de la rivière. Le court de tennis avait été désherbé et recouvert d'une chape rose rougeâtre, composée de tumulus de fourmilières broyés, et ils jouaient en double, les dames en jupe et chemisier, les jeunes hommes en manches de chemise. Bert venait avec son engin volant. Ils l'observaient approcher en oscillant au-dessus des marais, puis tournoyer au-dessus de la maison et se poser, un peu chancelant, dans le pré attenant. Il restait posé là dans la brume de chaleur tel un oiseau ou un papillon géant tandis que les vaches battaient de la queue parmi les bouses, et il semblait à sa place. C'était un paysage, songeait Ashley, capable de s'accommoder de beaucoup. Telle était du moins la vision qu'il en avait. Il n'était pas aussi clairement défini que les paysages d'Angleterre ou d'Allemagne : de nouvelles choses pouvaient y entrer et s'y intégrer. Il pouvait être ancien, et même très ancien, il était plus ouvert que l'Europe à ce qui était encore à venir.

Ashley avait également découvert Jim.

Alors qu'il chevauchait un jour dans la végétation basse en bordure du marécage, le jeune homme avait simplement surgi de terre à ses pieds ; ou plutôt, il avait roulé sur le dos avant de se relever en jurant. Ashley n'avait pas vu l'autre créature, à quelques mètres de là, s'envoler à tire-d'aile pour aller se percher dans un arbre. Il était trop stupéfait qu'un individu puisse se trouver là allongé à plat ventre au milieu de nulle part, juste sous les sabots de son cheval, et sans nécessairement prendre le juron pour sa personne, il l'avait trouvé somme toute injustifié.

Une fois debout, le jeune homme au visage mince et aux épaules carrées, vêtu d'un pantalon de moleskine usé et d'une chemise sans col, n'avait fait aucune tentative pour expliquer sa présence ou indiquer qu'il avait conscience d'une différence entre Ashley et lui outre le fait que l'un était monté sur un cheval et que l'autre avait les deux pieds fermement posés sur le sol. Il avait brossé des semences de graminées de son pantalon à l'aide d'un vieux chapeau et s'était tenu bien campé sur ses jambes.

Curieusement, Ashley trouva la chose moins insultante qu'il n'aurait dû.

« Que faisiez-vous là ? » demanda-t-il. Il exprimait une franche curiosité. Sa voix ne contenait pas une once de reproche.

« J'observais, lui dit Jim. Cet oiseau-dollar, là. Vous l'avez effrayé.

— Oiseau-dollar ?

— Rolle oriental, précisa Jim. Il vient des Moluques. »

Il avait la voix rauque et un fort accent traînant. Les détails qu'il avait donnés n'étaient pas nécessaires et auraient pu paraître pédants. Mais quand il avait nommé l'oiseau, et de nouveau quand il avait nommé l'île, il les avait empreints, selon Ashley, d'une connotation extraordinaire. Il les avait dotés d'une certaine qualité romantique qui se trouvait en réalité en lui-même. Un intérêt insolite s'était révélé, le feu d'une passion individuelle.

Ashley avait glissé à bas de sa selle et tous deux s'étaient tenus debout côte à côte, de l'herbe quasi à hauteur de cuisse. Jim avait tendu le doigt.

« Il est dans cet écorce-de-fer, là, voyez ? » Il plissa les yeux. « Là, un peu sur la gauche. Deuxième branche en partant du haut. Bec rouge. Violet sur la gorge et les plumes de la queue. Vous le voyez ? »

Ashley, le regard fixe, concentré, trouva la branche ; et puis, avec un petit sursaut de surprise et d'excitation, l'oiseau : bec rouge, gorge violette, en tout point comme le jeune homme l'avait promis.

« Je le vois ! » s'exclama-t-il, à la façon d'un enfant, et tous deux sourirent largement. Le jeune homme se détourna et s'assit sur une souche. De sa poche, il sortit de quoi rouler une cigarette. Ashley s'avança vers lui d'un pas trébuchant.

« Prenez une des miennes… Non, vraiment », insista-t-il. Il lui présenta l'étui, dont le couvercle déjà ouvert laissait voir les cigarettes roulées à filtre doré sous une languette de métal à ressort qui jouait comme un concertina.

« Merci », dit le jeune homme, ses doigts carrés s'employant maladroitement à faire jouer la languette métallique. Il fit tourner le petit cylindre de tabac, si parfaitement lisse et symétrique, observant le papier doré entourant son extrémité, puis le posa sur sa lèvre inférieure, gratta une allumette de cire qu'il protégea du vent de sa main en coupe et tendit à Ashley, qui inclina la tête vers elle et souffla la fumée. Jim alluma sa propre cigarette et, de l'ongle du pouce, expédia l'allumette. Tout cela les fit passer d'un moment de rien-de-plus-à-dire à un confortable silence. Ashley mena son cheval à une souche en face et, croisant les jambes, le corps courbé en avant, coudes aux genoux, s'absorba dans une immobilité intense, avant de dire brusquement :

« Vous venez souvent par ici ? Pour observer, je veux dire ?

— Assez, oui.

— Pourquoi ?

— J'sais pas. C'est intéressant, non ? » Il promena un regard circulaire, ses yeux gris étrécis, et la terre était un cercle plat alentour, pointes d'herbe, souches d'arbre, buissons, tout cela immobile, semblait-il, et silencieux, tout cela vivant et peuplé d'yeux, de becs, de pointes d'ailes.

Ashley suivit son regard. La terre prit un relief plus net et lui-même, soudain, aurait pu être capable de la voir dans ses moindres détails, œil individuel au mouvement infinitésimal, bec rouge dans un rameau de fleurs de gommier, corps minuscule au niveau du sol parmi les racines - l'un des granivores, de la couleur de la terre. L'espace d'un instant, il fut intensément conscient de ce que chaque mètre carré pouvait abriter de vie. Et il possédait mille arpents.

Mais, même s'il regardait et voyait, il n'aurait jamais aucun nom à mettre sur les choses. *Oiseau-dollar.* Ce garçon avait les noms.

« Où avez-vous appris tout ça ? demanda-t-il, revenant d'où ses propres pensées l'avaient emmené.

— Oh, à droite, à gauche. Une partie dans les livres. Mais surtout, vous savez… » Jim trouvait difficile d'expliquer que c'était quasiment un instinct qu'il avait, incompréhensible même à ses propres yeux. Dire cela aurait peut-être été trop prétentieux. Un don. Était-ce un don ? « Avec le temps, dit-il, on finit par savoir certaines choses, et le reste on le devine. Si on n'est pas trop mauvais, on devine juste. Neuf fois sur cent. » Et il éclata de rire. Ashley rit aussi. Il se ramassa plus étroitement sur lui-même, jambes nouées, coudes collés au corps, et son rire faisait penser à un petit génie qu'il aurait tenu enfermé là comme dans une lampe magique et qui soudain s'échappait en pétillant.

« Écoutez, dit-il. Ça vous dirait de travailler pour moi ? Ça vous dirait… »

Il se tut, le souffle coupé par l'excitation. Le paysage, le formidable cercle qu'il formait dans son entier, têtes de graminées, buissons, eau, ciel, le laissait littéralement sans voix. Ces millions de vies faisant leur entrée dans ce qu'il venait juste de concevoir.

« Ça vous dirait, reprit-il, de faire tout cela dans un cadre organisé ? Je veux dire, faire des listes. Nous pourrions transformer ceci… » (c'était la notion de temps qui lui coupait le souffle, le passage des années, des décennies) « … en un observatoire, un sanctuaire. C'est à moi, je peux en faire ce que je veux. Et vous seriez parfait pour cela. »

La fumée s'échappait des lèvres de Jim en un filet continu. Cela faisait si longtemps qu'il attendait que quelque chose comme ça se présente ; et voilà que derrière lui surgit ce type sur son cheval, Ashley Crowther, qui de but en blanc le lui offre – pas juste un emploi, mais du travail, des années, une vie entière.

Le silence du jeune homme déstabilisa Ashley.

« Je vous rémunérerai en conséquence, naturellement. » Il déglutit. Le paysage lui-même, pensait-il, aurait dû rajouter l'appel de son attrait. Car c'était un appel plus qu'une offre qu'il faisait, et c'était au nom de la terre que celui-ci était fait. « Alors, qu'en pensez-vous ? » demanda-t-il piteusement.

Jim hocha la tête. « Ça me dit bien.

— En ce cas, dit Ashley, riant et sautant sur ses pieds, vous êtes mon homme. » Il tendit la main et, d'une manière très formelle, Ashley se voûtant légèrement puisqu'il était, et de loin, le plus grand des deux, Jim étant plutôt carré, tous deux debout à présent, les pieds sur le sol, au centre – s'ils avaient pu se voir eux-mêmes – d'un vaste cercle d'herbe et de petits buissons grisâtres avec, au-delà, des arbres à thé d'un côté puis des prés, et de l'autre des arbres à thé puis les marais puis l'océan, ils scellèrent leur accord d'une poignée de main. C'était fait.

3

Si Ashley avait découvert Jim, ce fut Jim qui découvrit Miss Harcourt. Miss Imogen Harcourt.

Il était de nouveau à plat ventre, un carnet de notes dans la poche, un bout de crayon derrière l'oreille et les jumelles qu'Ashley Crowther lui avait procurées vissées dans la tête – elles auraient pu passer pour un dispositif intégré.

Il observait un échassier sur un pan de berge marécageuse, l'un de ces petits chevaliers sylvains qui apparaissent chaque été et viennent, pour la plupart d'entre eux, du nord de l'Asie ou de la Scandinavie où ils vont nidifier sur le toit du monde dans les toundras ou les neiges norvégiennes avant de reprendre leur longue route vers le sud.

Cela l'émerveillait. Une chose pareille. De pouvoir, par une chaude journée de novembre, avec le soleil lui brûlant le dos, la terre fourmillant sous lui et le paysage tout entier étincelant et stridulant, observer une créature qui, à peine quelques semaines plus tôt, se trouvait de l'autre côté de la

Terre et avait trouvé sa route jusqu'ici en traversant toutes les cités d'Asie, franchissant des lacs, des déserts, des vallées encaissées entre de hautes chaînes montagneuses, survolant des océans sans le moindre point de repère, pour se poser précisément sur cette berge et entrer dans le cadre rond de ses jumelles : complètement contenue là dans sa petite vie – poitrine et flancs rayés, ventre blanc, pattes jaunes, le long bec explorant une flaque d'eau en quête de nourriture, soulevant la tête de temps à autre pour émettre ce cri singulier sur trois notes – et contenant complètement, invisible quelque part au-dedans, ce monde blanc virginal de la calotte glaciaire du Nord et la connaissance, profondément inscrite dans la cervelle minuscule, des voies aériennes et des trajectoires qui l'avaient amenée ici. Savait-elle où, sur la surface du globe, elle était arrivée ? Conservait-elle, dans ce petit œil, quelque image du plus vaste monde, en sorte qu'elle pouvait dire *J'étais là-bas il y a de cela tant d'obscurités, et maintenant je suis ici et y séjournerai un temps, avant de repartir* ; voyant clairement l'espace entre les deux points et sachant que la distance, si formidable fût-elle, pouvait tout à fait être parcourue une deuxième fois dans l'autre sens car son extrémité la plus lointaine était toujours visible, soit là dans sa tête, soit dans la longue mémoire de l'espèce.

Cette idée donnait à Jim le vertige. Ça, ou bien le soleil, ou alors l'effort de l'observation. Il releva les jumelles afin de se reposer un instant, et ce faisant, capta quelque chose d'inattendu qui lança un éclair à travers l'oculaire et disparut.

Où ?

Il laissa les jumelles chercher, revenir, remonter un peu, descendre, délimiter plusieurs cadres au paysage et voilà, c'était là de nouveau : un visage sous une capeline. Un visage ridé et brun, qui à cet instant était intensément fixé sur quelque chose, totalement absorbé. Il déplaça les jumelles et tomba sur une boîte noire posée sur un trépied. Le visage se baissa et disparut derrière. La silhouette composite qui maintenant emplissait le cadre était celle d'une jupe grise, volumineuse et passablement négligée, surmontée de la boîte noire coiffée d'une capeline. La boîte noire était orientée vers lui. Se pouvait-il que ce fût lui qu'elle soit en train de photographier ?

Ce n'est qu'au bout d'une minute que la vérité lui apparut. Ce que la femme avait dans son viseur, c'était le même échassier que lui-même avait tenu dans l'oculaire de ses jumelles à peine quelques secondes plus tôt. Pendant un moment, sans que ni l'un ni l'autre en soient conscients, ils avaient, dans tout ce paysage, et parmi toutes les créatures qu'il abritait, concentré leur attention depuis deux côtés distincts sur le même point et sur le même petit corps au ventre blanc.

Cette coïncidence ne le surprenait pas tant que ça. Cela semblait moins extraordinaire que le fait, pour ces quelques onces de plumes et d'os, d'avoir trouvé leur route jusqu'ici depuis la Sibérie ou la Norvège. Ceci était en soi si invraisemblable que les hommes, il n'y avait encore pas si longtemps, avaient préféré croire qu'avec le passage des saisons certains oiseaux changeaient simplement de forme comme d'autres changeaient de plumage – que les hirondelles, par exemple, devenaient des crapauds –, et ils avaient effectivement donné des comptes rendus détaillés de telles métamorphoses : les oiseaux se rassemblaient en si grand nombre sur des roseaux, en bordure de lacs, que les tiges s'inclinaient sous leur poids, et à l'instant où les roseaux touchaient l'eau, les hirondelles étaient transmuées, elles rentraient leurs ailes et leur tête, étiraient leur bec en forme de bouche de crapaud, réduisaient leurs piaillements à un raclement de gorge et se terraient sous la surface jusqu'à ce que vienne pour elles le temps de renaître sous leur forme ancienne par millions gazouillant.

Pendant ce temps, le tripode s'était à nouveau transformé en femme. Elle allait et venait dans sa jupe grise : une fille plus toute jeune, estima-t-il, de plus de cinquante ans, avec des boucles grises sous la capeline et des bottes sous la jupe. Elle souleva le trépied, le referma d'un coup sec, l'arrima sur son épaule, puis s'éloigna avec le reste de son équipement et disparut dans les buissons.

Plus tard, à l'Angler's Arms, il apprit son nom et descendit jusqu'à la maisonnette en bardage à clin qu'elle avait achetée en aval de la rivière, pour se présenter à elle.

La maison était en mauvais état. Des plaques de tôle se soulevaient du toit, donnant l'impression qu'il lui avait poussé des ailes et qu'elle était sur le point de décoller de ce carré de broussailles pour aller s'installer ailleurs, du côté opposé de la colline. Les planches de bois étaient grises, il y avait des brèches dans la rampe de la véranda et l'une des fenêtres, dont le carreau manquait, avait été colmatée avec du papier journal jauni. Des moignons de pieux qui naguère avaient dû constituer une clôture pointaient çà et là dans un chaos d'épineux et, dans la cour au-delà, un citronnier revenu à l'état sauvage arborait de gros fruits grumeleux parmi des épines de plusieurs centimètres de long. D'un côté de la marche en ciment de la véranda était posée une lessiveuse, toute criblée de trous et se délitant en écailles de rouille. Elle contenait une fougère squelettique. Dans les deux autres bidons à pétrole emplis de terre sèche poussaient de miraculeux œillets, rose et blanc.

« Y a quelqu'un ? » appela-t-il.

Une voix résonna quelque part à l'intérieur, mais tellement loin qu'elle semblait monter des profondeurs d'une maison plusieurs fois grande comme celle-ci, un long couloir menant à ses pièces fraîches et richement meublées.

« Qui est là ? »

Une voix anglaise.

« Moi », répondit-il sans réfléchir, comme un enfant l'aurait fait, avant d'ajouter d'une voix plus sonore : « Jim Saddler. Je travaille pour Mr Crowther.

— Entrez donc, invita la voix. Je suis à vous dans un petit instant. Dès que j'aurai terminé dans la chambre noire. »

Il enjamba une latte de plancher cassée, poussa la porte et entra dans une cuisine bien propre, mais spartiate : une table astiquée et une seule chaise, des tasses suspendues à des crochets, un fourneau à bois dans une alcôve en tôle ondulée. Des bûches, des journaux, un calendrier en couleurs.

« Je n'ai pas tout à fait terminé, cria la voix. Asseyez-vous en attendant. »

Cette voix, songea-t-il, aurait pu ne pas appartenir à la femme qu'il avait aperçue là-bas dans les marais. Elle faisait plus jeune, comme celle de quelqu'un poursuivant une conversation tout en siégeant dans quinze centimètres d'eau savonneuse en compagnie d'un poêle à bois bouilleur : la voix d'une femme engagée dans une activité privée, intime, et qui vous accorde, par la parole, juste assez de proximité pour que vous vous sentiez gêné de ce qu'elle ne vous laisse point voir. Il ne savait pas très bien ce qui se passait dans les chambres noires : la photographie lui était un mystère.

Il examina le calendrier. Des photos de la campagne anglaise. Le feuilleta à l'envers jusqu'à la page du mois de janvier, puis revint en avant dans l'année. Les minutes s'écoulaient.

« Voilà ! » dit-elle enfin. Et elle apparut dans la cuisine, épinglant une petite montre en or au corsage ajusté de son chemisier. C'était une femme forte, au visage rond, et ses boucles grises, maintenant qu'il les voyait sans la capeline, ressemblaient à de la laine ; ç'aurait pu être une perruque.

« Jim Saddler », dit-il à nouveau, en se levant.

Elle lui tendit sa main, qu'elle venait juste de sécher et qui était encore légèrement humide, et il la serra. Sa poignée de main, songea-t-il, était plus ferme que la sienne. Du moins était-ce la première impression qu'elle donnait.

« Imogen Harcourt. Puis-je vous offrir une tasse de thé ?

— Volontiers, dit-il. Sans vouloir vous déranger. »

Il se demanda comment ils allaient se débrouiller avec la chaise unique.

« Je viens vous voir pour le chevalier, lâcha-t-il tout de go. Je vous ai vue le photographier.

— Vous m'avez vue ?

— Oui, je vous ai vue. Je travaille pour Ashley Crowther, *Mister* Crowther, je suis son homme aux oiseaux. Je tiens des listes… »

Craignant d'être vantard et d'en faire trop, il en faisait trop peu. Il n'osait prononcer le mot qui aurait correctement expliqué les choses.

« Je sais, confessa-t-elle en pivotant pour le regarder, la bouilloire à la main. Je vous ai vu. Je vous ai vu hier.

— Vous m'avez vu ? » répéta-t-il stupidement,

peu habitué à cela ; être *vu*. « Eh bien alors, reprit-il, ça nous met plus ou moins à égalité. »

Elle rit. « Plus ou moins. Vous prenez du lait ? » Elle n'aurait su dire, pour le moment, s'ils deviendraient amis ou non ; s'il était venu ici pour partager quelque chose ou pour protéger un droit. Il était emprunté, il avait sa dignité. Ses cheveux blonds, à la coupe courte mais inégale, pointaient par endroits comme du chaume et il se tenait trop au garde-à-vous, comme s'il défendait un territoire étroit.

Jim aussi était troublé. C'étaient surtout les femmes plus jeunes qui employaient ce ton direct pour vous parler, depuis le centre de leur propre vie. Les jolies femmes. Les épouses, les mères, les tantes célibataires s'étaient pour la plupart installées plus confortablement dans les conventions que Miss Imogen Harcourt ne l'avait fait, et elles déployaient davantage d'efforts pour vous complaire. Mais elle n'était pas ce que son père aurait appelé « un personnage ». Elle était indépendante, mais pas bizarre.

Ils burent leur thé. La chaise, en fin de compte, ne fut pas un problème. Miss Imogen se tint mi-assise, mi-appuyée contre le rebord de la fenêtre et lui raconta tout de suite, sans qu'il ait rien demandé, ce qu'il y avait à raconter de son histoire. Elle était arrivée du Norfolk six ans auparavant avec un frère qui avait en tête de trouver de l'or en Australie, s'en était allé à Mount Morgan, avait échoué à faire fortune et était rentré chez eux. Elle-même avait décidé de rester. À cela elle ne fournit aucune explication. Ce qu'avait été son intention, d'abord en suivant son frère à l'autre bout du monde puis en ne le suivant pas pour rentrer chez eux, ne lui fut pas révélé. Elle disposait d'un petit revenu qu'elle complétait en prenant des photographies de la Nature pour un magazine londonien.

« Des photographies d'oiseaux, précisa Jim.

— Pas toujours. Mais oui, assez souvent. Ce chevalier m'a séduite car c'était l'un de mes préférés en Angleterre : ils descendent du nord, vous savez, pour venir hiverner chez nous. Dans le Norfolk, je veux dire.

— Et ici.

— Oui, ici aussi. C'est curieux, n'est-ce pas ? D'avoir parcouru la moitié du globe pour retrouver… Ça m'a rendue nostalgique. Alors j'ai vite monté mon trépied, pris un bon cliché, et voilà. Nostalgie réglée. Fourrée dans la boîte. »

Il s'aperçut qu'il comprenait quasiment tout ce qu'elle disait du premier coup, et c'était inhabituel.

« Est-ce qu'il serait possible de le voir ? Le cliché ?

— Pourquoi pas ? »

Elle le précéda dans le couloir, dépassant ce qui devait être une chambre à coucher, et le fit entrer dans l'obscurité au fond du couloir.

C'était la plus belle pièce de la maison : en ordre, bien équipée, avec deux éviers, une lampe, un tissu noir pour occulter les fenêtres. Ça aussi, il comprenait. Lorsqu'il posa le pied dans cette chambre noire, ce ne fut pas juste l'étroitesse de l'espace dans lequel ils se tenaient, parmi tout le matériel nécessaire à un hobby, ou métier, qui lui donna le sentiment qu'ils s'étaient rapprochés. Il voyait, car elle lui permettait de voir, un pan entier de sa vie, plus vaste, même ici dans une chambre noire, que tout ce qu'il aurait pu deviner d'après ce qu'elle lui avait déjà raconté : le Norfolk, son frère, le village de tentes à Mount Morgan. Il appréciait l'ordre, le professionnalisme, la parfaite maîtrise d'une compétence que suggérait tout cet équipement bien particulier. Il y avait des égouttoirs pour ses plaques, des flacons de produits chimiques tous soigneusement étiquetés, des gants de caoutchouc, l'odeur de quelque chose de plus que la lavande.

« C'est donc ça, dit-il d'un ton admiratif qu'il aurait pu employer pour s'adresser à n'importe quel homme. L'endroit où vous travaillez.

— Oui, dit-elle. Ici et à l'extérieur. »

Ainsi qu'il le découvrirait, elle opérait souvent ce genre de distinctions, rendant les choses plus claires, les déplaçant au centre d'un point focal plus net.

« La lumière, et puis le noir. »

Elle prit un feuillet de papier pour le lui tendre et parut anxieuse tandis qu'il le soumettait à un examen attentif.

C'était l'échassier. Parfait. La moindre raie, la moindre tache blanche sur le flanc où elle se fondait dans le blanc du ventre, l'œil vif dans la tête dressée – il se sentait bizarrement ému de revoir le même oiseau dans cette autre dimension. Ému aussi par l'effort que cela avait dû nécessiter, de même que les choix rapides, afin de saisir précisément cette attitude, qui était si parfaitement caractéristique : son propre œil vif à elle mesurant celui de l'oiseau et découvrant la vigilance tendue, nerveuse, de l'animal. En savait-elle tant que cela sur les oiseaux ? Ou bien quelque intuition la guidait-elle ? *C'est exactement ça : le moment où nous découvrons de l'intérieur la vie unique de l'animal.* Ça aussi, ce pouvait fort bien être un don.

Le chevalier se détachait avec une netteté parfaite sur un arrière-plan flou de terre et de touffes d'herbe, comme si deux paires de jumelles avaient été braquées sur le même point, et Jim savait que si la seconde avait pu maintenant être déplacée de telle manière que le paysage ressorte avec la même netteté que l'oiseau, lui aussi aurait pu être visible, allongé là avec sa paire de jumelles vissée dans la tête. Il était là mais invisible ; seuls Miss Harcourt et lui sauraient peut-être jamais qu'il se trouvait aussi dans le cadre, dissimulé parmi ces douces colonnes de lumière qui étaient des brins d'herbe et ces éclats de soleil plus doux encore qui étaient des têtes de graminées ou de minuscules fleurs. Pour l'œil profane, il n'existait que l'image centrale de l'échassier, attentif, tête inclinée. Et c'était ainsi que ce devait être. C'était le portrait du chevalier.

« Parfait, souffla-t-il.

— Oui, dit-elle. J'en ai été contente aussi. »

Ils regardaient l'oiseau, ayant rapidement évolué depuis la veille pour arriver là où ils se tenaient aujourd'hui, avec entre eux juste cette feuille de papier sur laquelle le passage de l'oiseau à travers sa propre coquille éphémère de chaleur et d'énergie avait été saisi l'espace d'un instant, et fixé, peut-être à jamais.

« Il faut que je lui montre ça, dit Jim. À Ashley Crowther. »

Ainsi devinrent-ils associés, tous les trois, et une semaine plus tard Jim parla à Imogen du sanctuaire, utilisant effectivement le mot à voix haute pour la première fois car il était désormais sûr que rien en elle n'en raillerait la grandiloquence, mais rougissant tout de même : le sang lui monta jusqu'au lobe des oreilles.

Il ne prononça plus jamais le mot. Ce n'était pas nécessaire. Lorsqu'il parlait à Miss Harcourt, comme lorsqu'il parlait à Ashley Crowther, ils évoquaient seulement « les oiseaux ».

4

Parfois, lorsque Ashley Crowther recevait un groupe d'amis pour le week-end, ou pour les courses à Beaudesert, Jim les emmenait en barque à fond plat et, pendant une heure ou deux, ils dérivaient entre des squelettes d'arbres blancs sur une eau saumâtre, aux profondeurs couleur de thé, dont la surface était une couche de pollen noyé, épaisse de plusieurs centimètres par endroits, un or bruni. Fendant l'écume, ils débouchaient dans les nuages.

Ashley se tenait à la proue, en bras de chemise, les genoux remontés haut sous le menton et les coudes en appui dessus, telle une sorte d'effigie, songeait Jim – une image du dieu, quel qu'il soit, qui avait la charge de cet endroit, un oiseau aquatique transmuté.

Les femmes, et les jeunes hommes en blazer qui partageaient le centre de l'embarcation avec leurs provisions, un panier en osier à fermoir argenté gravé au nom de la maison, étaient aux aguets, tendus, en haleine : suspendus à l'haleine de Jim.

« Ça, chuchotait-il, soulevant la perche et les laissant glisser sur leur erre dans le silence, c'est un martin-chasseur sacré. Il vient de Bornéo. »

Ce nom, dans l'annonce feutrée de Jim, enveloppait aussitôt l'oiseau de mystère, au-delà même de l'éclat de ses couleurs et de l'étrange lumière dont ce lieu le touchait.

« Et là – voyez ? – ce sont des oiseaux-lotus. Vous les voyez ? Loin là-bas. Oh, ils nous ont vus, ils se sont envolés. Ils ont un nid au bord, juste au niveau de l'eau. Voyez leurs pattes ? Longues, hein. C'est pour marcher sur les feuilles des lotus sacrés, ou les nappes de nénuphars, sans couler. »

Il plongeait à nouveau sa perche dans la vase, lui imprimant de la force à partir de l'épaule tout en regardant les bandes d'oiseaux se rassembler plus loin, et ils poursuivaient leur glisse sans à-coups sous les rameaux. Nul ne parlait. C'était curieux, cette façon qu'avait le lieu de s'imposer à eux et de les subjuguer. Même Ashley Crowther, qui préférait la musique, était ici silencieux et posé. Il demeurait assis sans bouger, sous le charme. *Et peut-être*, songeait Jim, *que c'est aussi de la musique, cette sorte de silence.*

Ce qu'il ne pouvait savoir, c'était à quel point pour Ashley ces excursions dans les marais, dans une embarcation très semblable aux bateaux anglais à fond plat, étaient une recréation des longues après-midi paisibles sur la Cam, traduites en l'occurrence non seulement dans un autre hémisphère mais aussi dans un temps reculé, fort reculé, un monde primordial et hanté, pré-historique, pré-classique (c'était cela qui expliquait son inclination à l'émerveillement, souffle retenu) dans lequel les oiseaux que Jim désignait, et qu'il aurait quasiment pu, en les nommant ainsi d'un murmure, avoir fait surgir des brumes d'avant la Création, étaient des esprits, déguisés de façon extravagante, appartenant à un autre ordre d'existence, et l'excursion elle-même – malgré le panier de pique-nique et les bouteilles de champagne couchées dans la glace, et les filles, dont l'une était celle qu'il s'apprêtait à épouser – un voyage sur l'eau dans un sens autre et plus profond ; et c'était la raison pour laquelle il frissonnait de loin en loin et aurait pu, s'il avait jeté un regard en arrière, voir en Jim appuyé sur la perche – les muscles bandés, un léger pli au front et ses dents mordant sa lèvre inférieure – l'incarnation ordinaire d'une figure déjà entraperçue dans l'enfance, ayant reçu un nom dans l'Antiquité mais accédant seulement maintenant à la réalité.

« Là, souffla Jim. Des ibis blancs. Plutôt communs. Mais beaux. » Il leva les yeux avec admiration, et à la fin de sa phrase haussa également la voix, afin de suivre leur vol lent à mesure qu'ils prenaient leur essor. On aurait dit, battement d'ailes après battement d'ailes, qu'ils traversaient l'air lourd en nageant.

« Et ça c'est une échasse blanche, voyez ? Voyez son dos bleu-noir ? Une vraie beauté ! »

Tous dans la barque demeuraient cois, émerveillés, eux qui en d'autres temps étaient enclins à pouffer de rire – les filles – et se soucier de leur coiffure ou du tombé de leurs vêtements, et les jeunes hommes à étirer leurs jambes et bâiller. Elles étaient si gracieuses, ces créatures, tournant leurs têtes lentes lorsque le bateau glissait devant elles pour aller faire demi-tour où l'eau était limpide : sternes des marais, marouettes d'Australie, vanneaux soldats, râles à poitrine grise. Et la voix de Jim aussi les tenait en haleine par l'excitation basse qu'elle renfermait. Il était emprunté et d'allure fruste, jusqu'à ce qu'ils montent tous dans le bateau. Alors lui aussi devenait léger, en équilibre délicat, et lorsqu'il était question d'oiseaux, il savait se montrer poète. On le voyait sous un nouveau jour et le considérait avec un respect qu'autrement il n'aurait pas été capable de susciter.

Quant à Ashley, il se plaisait à les exhiber : ses oiseaux. Ou plutôt, il lui plaisait de laisser Jim les exhiber, et il était heureux ensuite au dîner d'entendre ses hôtes louer l'ibis, le martin-chasseur sacré, le râle d'eau, comme s'il avait été très inspiré, en vérité, de décider que c'était cela qu'il devait collectionner plutôt que des porcelaines de Saxe ou des tapis d'Orient.

Mais sur le bateau, à l'endroit où ces créatures étaient chez elles, elles sortaient de sa possession aussi étrangement qu'elles y étaient entrées, et il aurait pu être effrayé, alors, de sa témérité à les revendiquer ; elles se déplaçaient avec leurs petites vies (quand elles n'étaient pas totalement immobiles) de façon si éphémère sur ses terres – y compris lorsqu'elles étaient autochtones et passaient ici leur vie entière – et ignoraient tout d'Ashley Crowther. Elle le choquait chaque fois qu'il venait ici, l'altérité de leur être, et il n'arrivait jamais vraiment à accepter l'idée qu'ils fussent du même monde, lui et ces créatures. C'était comme s'il avait hérité d'un morceau du monde à venir, ou de quelque autre précédent. Voilà pourquoi il éprouvait une telle révérence lorsque Jim, avec tant d'assurance, s'offrait comme intermédiaire pour les nommer : « Regardez, le martin-chasseur sacré. Il vient de Bornéo. »

Lorsqu'ils s'arrêtaient pour pique-niquer, les conversations enfin reprenaient. Ils revenaient à la réalité.

« Le rossignol, leur confia une certaine Mrs McNamara, voilà bien le plus beau de tous les oiseaux chanteurs.

— Je n'en ai jamais entendu aucun, déplora une plus jeune femme.

— Oh, sa voix est splendide, lui assura Mrs McNamara. Mais il vous faut aller en Europe. *Hélas, ma chère, c'était le rossignol*[1].

— Lorsque j'étais à Londres, raconta l'un des messieurs, je me suis rendu à une soirée dans une

1. Allusion au conte en vers de Jean de La Fontaine, *Le Rossignol*. (*Toutes les notes sont de la traductrice.*)

grande maison de Twickenham. C'était au cœur de l'hiver et toute la nuit un rossignol chanta dans l'un des arbres du jardin. Je n'avais jamais rien entendu de tel. C'était stupéfiant. Tous les invités sortirent par petits groupes pour l'écouter, c'était un véritable enchantement. Je n'ai découvert que plus tard que c'était un leurre – je veux dire, un imitateur d'oiseaux venu des music-halls qui avait été engagé pour se percher là-haut, tout emmitouflé contre le froid, pauvre garçon, et soufflant sur ses doigts pour les réchauffer quand il ne faisait pas le rossignol. C'est un miracle qu'il n'ait pas gelé. »

L'Europe, décida Jim, devait être un asile de fous. Et maintenant, on disait qu'il allait y avoir une guerre.

Assis à l'écart, le dos contre un arbre, il mangeait les sandwichs qu'il avait apportés pendant que les autres étalaient leurs victuailles. Ashley lui apportait un verre de champagne et s'asseyait un moment avec lui, son propre verre à la main, mais ils restaient silencieux.

Plus tard, lorsqu'il donnait la main aux dames pour les aider à descendre sur le débarcadère de bois qu'il avait construit au bout d'une passerelle de six mètres de long, chacune disait : « Merci, Jim », et les messieurs lui glissaient un pourboire. Ashley ne disait jamais merci, et il feignait de ne pas voir les pièces qui changeaient de main, même s'il n'aurait jamais songé à l'interdire et à priver Jim des shillings supplémentaires.

Ashley n'avait pas à le remercier. Et cela n'avait

rien à voir avec le fait que Jim faisait seulement ce pour quoi il avait été embauché.

Se tenant chacun à une extrémité du bateau, ils maintenaient un équilibre. C'était si clair qu'il n'était nul besoin de le préciser. Il n'était nul besoin, en fait, de préciser quoi que ce soit. Mais lorsque Ashley désirait parler à quelqu'un, il venait trouver Jim occupé à confectionner un radeau de roseaux pour attirer les oiseaux chanteurs, ou à disperser des graines, et il parlait à tort et à travers, déversant un flot de syllabes si incompréhensible que bien souvent, pour Jim, cela n'avait ni queue ni tête, mais ça ne le dérangeait pas. Ashley aussi était un enthousiaste, mais un enthousiaste volubile plutôt que taciturne. Jim comprenait ça, même s'il ne saisit jamais vraiment ce qu'était Wagner – quelque chose de musical, mais pas son genre de musique –, et quand Ashley se décidait à renoncer aux mots pour se mettre à siffler, Jim était heureux et soulagé de ne plus avoir ne serait-ce qu'à feindre de le suivre. Le bavardage d'Ashley était une sorte de musique, et son sifflement atonal en était une autre. Ce qu'Ashley faisait, Jim le voyait, c'était exprimer quelque chose qui lui était essentiel, comme le « *sweet pretty creature*[1] » des willie wagtails (qui avait de même une signification dif-

---

1. Littéralement, « jolie petite créature ». C'est ainsi qu'est traditionnellement interprété l'appel le plus caractéristique de ces oiseaux (rhipidures hochequeue).

férente). Ayant accepté l'un, il pouvait facilement accepter l'autre.

Ashley ne représentait pas un mystère pour Jim, même s'il ne le comprenait pas. Ils étaient semblables et différents, voilà tout, et jamais aussi proches que lorsque Ashley, tout en l'observant, jacassait, sifflotait, jacassait encore, puis se contentait de s'asseoir, aisément contenu par leur double silence.

5

La guerre finit par arriver, à la mi-août, mais discrètement, l'écho d'un coup de feu tiré des mois en arrière qui avait pris tout ce temps pour faire le tour du monde et les atteindre.

Jim se trouvait être à Brisbane, pour acheter du papier photographique et des plaques sèches pour Miss Harcourt, et des bottes neuves pour lui. En milieu d'après-midi, la nouvelle, se répandant de bouche en bouche, avait fait le tour de la ville et bientôt les crieurs de journaux l'annonçaient à tous les coins de rue. C'est la guerre ! La guerre ! Elle datait déjà de plusieurs jours, là-bas, dans des pays auxquels eux n'étaient pas liés, et maintenant voilà qu'elle était arrivée ici.

Certains semblaient enthousiasmés, d'autres stupéfiés. L'homme du magasin de photographie, qui était une sorte d'étranger avec une moustache tombante, un crâne chauve et des toupets sur les côtés, secoua la tête tout en préparant le paquet de Jim.

« Une méchante affaire, dit-il. Une catastrophe. De la folie ! »

Il avait peut-être, songea Jim, des proches là-bas qui ne manqueraient pas d'être impliqués.

« Je suis suédois », lui confia l'homme, et Jim ne comprit pas bien pourquoi. Il ne lui avait jamais rien confié de tel auparavant.

Mais d'autres étaient pleins d'exaltation.

« Imaginez, lui dit une fille aux yeux très brillants chez le bourrelier où il acheta ses bottes. Vous allez vous engager, je pense.

— Pourquoi ? » demanda-t-il dans un dernier moment d'innocence. Ça ne lui était même pas venu à l'esprit.

Le regard de la fille se durcit. « Eh bien moi, dit-elle férocement, je m'engagerais si j'étais un homme. Je voudrais en être. C'est une opportunité. » Elle s'exprimait avec passion, amertume même, mais il n'aurait su dire si cette amertume était dirigée contre son insuffisance à lui, ou bien la sienne à elle.

Quand il sortit de la boutique avec ses bottes neuves crissantes aux pieds et les anciennes dans une boîte sous le bras, il vit que les rues, en fait, étaient remplies d'une électricité bizarre, comme si, pendant qu'il était à l'intérieur, une brusque tempête s'était levée et avait traversé la ville avec une égale rapidité, changeant le ciel et jetant sur les pavés, les vitrines, le flanc des automobiles qui passaient une lumière neuve et plus crue. C'était comme s'ils étaient entrés dans un jour différent, et il se demanda si le temps avait réellement changé ou s'il voyait le changement seulement maintenant parce que cette fille avait semé en lui une quelconque graine d'exaltation dont l'épanouissement soudain, ici à ciel ouvert, projetait son propre reflet sur les choses. Un sentiment de panique le gagna. C'était comme si le sol devant lui, qui seulement quelques minutes auparavant s'étirait sans obstacle vers un avenir limpide, s'était brutalement incliné dans la direction de l'Europe, dans la direction des *événements*, et qu'ils se trouvaient tous maintenant sur une pente glissante. C'était l'impression que les gens lui donnaient. D'être en train de glisser. Il y avait, dans toute cette exaltation, la sensation alarmante qu'ils étaient peut-être bien au commencement d'une débandade.

Il entra au Lands Office Hotel pour boire une bière au calme : c'était là qu'il avait coutume d'aller ; c'était le pub le moins bruyant de Brisbane.

Il trouva l'endroit plein de garçons qui normalement auraient dû être au travail à cette heure, dans des bureaux de l'administration, des boutiques ou des compagnies d'assurances. Ils s'offraient des tournées à tour de rôle, titubant un peu, faisant assaut de vantardise, constitués déjà en solide compagnie, ou section, avec une hardiesse qui tenait à leur nombre soudain ; et tous de se tenir par les épaules, cramponnés les uns aux autres dans la pente.

Lorsqu'il alla aux toilettes au fond du pub, il trouva l'un d'eux, un des plus bruyants, la tête appuyée sur le bras au-dessus du mur carrelé de l'urinoir, son corps formant un angle vers l'avant. Il donnait l'impression d'être dans cette position depuis un bon moment.

« Ça va ? s'enquit Jim.

— Oui, mon pote, ça va », répondit doucement le garçon. Il se redressa d'une saccade, se reboutonna et s'éloigna en chancelant. Dehors, Jim le vit en grande discussion avec un autre, un air féroce sur le visage, lui martelant le bras de bons petits directs, tandis que le gars riait et le repoussait.

Plus tard, au Criterion, ce fut la même chose. Là, c'étaient des employés des tribunaux, greffiers pour la plupart, vêtus de costumes trois pièces, mais tout aussi bruyants. Jim leur accorda un seul regard et se glissa dans le salon des dames, avec ses rideaux de velours et ses miroirs, ses grandes plantes vertes aux feuilles vernissées. Jamais auparavant il n'avait osé. Toute cette exaltation l'avait enhardi mais lui avait en même temps communiqué le désir de quelque chose de plus doux que les assertions et les serments du bar public. Il rencontra une fille - une femme, en réalité - avec des bottines à boutons et un chemisier rouge.

« Vous aussi, vous allez vous engager ? lui demanda-t-elle.

— J'sais pas », mentit-il.

Elle le jaugea d'un coup d'œil rapide. « Vous venez de la campagne ?

— Non, répondit-il. De la côte.

— Ah », dit-elle, mais elle ne voyait pas la différence.

Ils se mirent à parler et, forte de la supposition que lui aussi partait pour l'autre bout du monde et aurait besoin de quelque chose à se rappeler avant le départ, elle l'invita chez elle. Il n'en fut pas surpris, il avait su tout du long que c'était là que mènerait leur conversation. C'était une fille chaleureuse aux cheveux couleur de sable, encline à l'humour et qui savait encourager les jeunes hommes en faisant le premier pas. Elle le regardait d'un air curieux, sans tout à fait comprendre, mais elle était habituée à cela ; les garçons étaient tous si différents, et en même temps si semblables. Elle lui effleura la main.

« Tout va bien. Je mords pas, tu sais. »

Il termina lentement son verre, il n'était pas pressé ; il se sentait plutôt calme et sûr de lui, même sur ce terrain vierge. C'était peut-être une alternative.

« Alors allons-y », dit-il, et elle lui fit un grand sourire.

Dehors, les réverbères étaient allumés et il y avait foule. En remontant Queen Street, ils virent que dans les vitrines de quelques-uns des grands magasins, où pièces et billets se déplaçaient au-dessus de vos têtes dans des capsules métalliques, étaient apparues des photographies du roi et de la reine avec de chaque côté des drapeaux disposés en croix : ceux de l'Australie et du Royaume-Uni. Et il régnait effectivement une atmosphère différente dans les rues. Comme si enfin, ils avaient fini par entrer dans le monde réel ou, après tant de temps, par rattraper leur siècle.

Après un court trajet en tramway pour franchir le pont, ils dépassèrent des palmiers et des figuiers de la baie Moreton jusqu'à atteindre un parc puis, au milieu d'un alignement de maisons de bois en bardage à clin, une grande pension de famille avec une véranda décorée d'un treillage. Il attendit sur les marches pendant que la fille plongeait la main dans son sac en cuir pour trouver sa clé, et son œil fut attiré, au milieu des énormes troncs des figuiers du parc, par un éparpillement de points incandescents qui auraient pu être des lucioles, mais qui étaient bien sûr des cigarettes. Il y avait une sorte de rassemblement. Soudain, avant que la fille ait pu tourner la clé dans la serrure, le calme fut brisé par une violente éruption de bruit, un glapissement de femme, puis les jurons de plus d'un homme.

« Ah, dit-elle, surprise qu'il se soit retourné pour regarder, des Abos ! » Et elle répéta le mot comme s'il n'avait pas compris. « Des Abos ! »

Il y eut une explosion. Du verre brisé. Une bouteille venait d'être fracassée contre un tronc d'arbre et une silhouette émergea en chancelant dans la lueur du réverbère, une silhouette noire qui devint un homme en chemise blanche, les mains sur le visage et du sang coulant entre ses doigts. Il tituba au hasard mais avec une grande légèreté. On aurait dit qu'il exécutait une danse pleine de grâce, là tout seul, avant qu'une autre forme, se ruant en avant depuis la pénombre, ne le jette à terre. On entendit des coups. Le rire éraillé d'une femme.

« Des Abos ! » répéta la fille avec un détachement dégoûté, comme si les rituels qui se jouaient, aussi violents et immoraux fussent-ils, étaient des plus ordinaires et ne méritaient pas qu'on s'y attarde. « Alors, t'entres plus ? Lambin, va ! »

Elle s'appelait Connie. Jim fut plutôt satisfait de lui, et d'elle aussi. S'en retournant ensuite à pied, dans le soir commençant, la ville encore très animée autour de lui et pleine de jeunes gars ivres un peu partout, debout sous des réverbères, certains avec des filles mais parlant toujours entre eux avec exaltation, il put affronter toute cette *action* avec plus de détachement. Peut-être le concernait-elle, et peut-être pas. Tant de ce qui constituait un homme existait au-dedans et n'était connu que de lui et de ceux, même inconnus, à qui il pouvait, à l'occasion, lentement, le révéler.

Il s'arrêta à l'entrée du pont pour contempler les eaux noires du fleuve fourmillant de lumières et vit le mégot de sa cigarette, rougeoyant tout du long, décrire un large arc-de-cercle en direction du courant. Rien n'avait changé.

Mais de retour à la pension de famille où il avait coutume de séjourner, il fut réveillé, peu après s'être endormi, par une immense clameur qui montait de la rue et, sortant sur le balcon en compagnie d'un ou deux autres, vit une procession d'apparemment plusieurs milliers se diriger vers eux. Il n'avait jamais vu autant de gens en un même lieu auparavant.

C'étaient de jeunes hommes pour la plupart et certains, un groupe d'enseignes de vaisseau, étaient en uniforme ; mais il y avait aussi des femmes de tous âges et toutes criaient et poussaient des vivats et entonnaient des chansons. En tête du cortège, perché sur les épaules d'un des jeunes marins en costume blanc, il y avait un gamin blond en kilt qui agitait les bras parmi les drapeaux. Il semblait important d'une certaine façon – la foule l'avait choisi comme symbole – et Jim se sentit troublé ; il n'aurait su dire pourquoi. Peut-être à cause de l'heure. L'exaltation décousue qui avait régné toute la journée, sans trouver de point sur lequel se concentrer, avait fini par se rassembler en une force qui avançait en tanguant à travers les rues et balayait tout sur son passage. Brisbane l'endormie ! On se serait cru à Paris, ou ailleurs, avec tous ces gens surgissant au beau milieu de la nuit, défilant bras dessus, bras dessous et scandant des slogans. Les foules le rendaient nerveux. *Est-ce que les choses vont ressembler à ça à partir de maintenant ?* se demanda-t-il. *Est-ce que je vais m'y habituer ?*

L'un des vieux briscards avec qui il partageait la chambre lui expliqua : ils arrivaient, cette immense cohorte de gens, de la place du Marché où ils s'étaient rassemblés pour écouter un discours du lord-maire. Et les bruyants chevaliers d'escorte de la procession, ces garçons criards qui agitaient des papiers, c'étaient ceux qui, plus tôt dans la soirée à l'hôtel de ville, s'étaient engagés, plus de cinq mille, disait-on, et qui se considéraient déjà comme des soldats, donc affranchis des contraintes civiles. Ils étaient en guerre.

Jim observait et se demandait si sa certitude tiendrait, celle qu'il avait eue un peu plus tôt, de n'avoir pas à se sentir concerné. Lorsqu'il retourna se coucher, il ne put se rendormir. Au loin, de façon spasmodique, la foule continuait à lancer de faibles hourras ; et des bribes de chants, à moitié familiers, parvenaient à ses oreilles : « The Boys of the Old Brigade » – ils l'aimaient celui-là, ils le chantèrent deux fois – et, plus solennel, le « God Save the King ». Allongé, les bras repliés sous la tête, une posture ordinaire encore que peu patriotique, il imaginait tous ces autres s'immobilisant et se mettant au garde-à-vous en chantant. Ce pourrait bien, en fin de compte, être grave.

Le lendemain, boutonnant sa chemise devant la fenêtre, il regarda de nouveau la rue où la procession était passée – elle était jonchée de tickets de tram et de journaux piétinés qui voguaient dans la brise d'ouest –, puis par-delà la ville horizontale de maisons de bois en bardage à clin, en direction des collines. À midi, il était chez lui.

« Quoi de neuf à Brisbane ? s'enquit Miss Harcourt.

— Ben, dit Jim, vous savez. La guerre. À part ça, pas grand-chose. »

Miss Harcourt parut inquiète un instant et il pensa qu'elle aussi risquait de demander s'il irait. Mais elle n'en fit rien.

Jim caressa sa lèvre supérieure où, depuis deux jours maintenant, il cajolait un début de moustache.

6

C'était l'époque des grandes migrations, ces derniers jours d'août et les premiers de septembre, et Jim passait de longues heures à observer et noter les nouvelles arrivées : les premiers *réfugiés*, comme les appelait Miss Harcourt – un mot étrange, dont il se demandait où elle l'avait entendu. Pour lui, c'était la première fois.

D'abord les hirondelles des arbres, mais celles-ci venaient toutes des îles alentour et uniquement pour se reproduire ; du jour au lendemain elles étaient là, en grands vols, déjà occupées à rebâtir d'anciens nids ; puis les pluviers à face noire et les bécasseaux maubèches ; les divers chevaliers – dont, un jour, un chevalier aboyeur solitaire ; et puis les bécasseaux à queue pointue, les chevaliers sylvains des Balkans, les courlis de Sibérie, les courlis corlieux, les pluviers argentés, les bécassines du Japon, les martinets de Sibérie ; et, bien plus tard, vers la fin de l'année, les bargettes de Térek et les glaréoles, individus étrangers mêlés, dans le même vol, aux autochtones, mais clairement identifiables. Il emplissait carnet sur carnet de ses observations, notant soigneusement le nombre et les dates d'arrivées.

Le premier repérage d'un oiseau, de retour après de si nombreux mois d'absence, dans le rond limpide de ses jumelles, avec en toile de fond un peu du paysage local, une touffe d'herbe ou de joncs, un radeau de branchages : là était la petite excitation. Il tirait rapidement de sa poche le carnet plié, avec sa couverture en toile huilée rouge, attrapait le crayon qu'il gardait coincé derrière son oreille et, l'œil toujours fixé sur l'oiseau, rédigeait ses gribouillis illisibles. La plus grande excitation consistait à inscrire ce qu'il avait vu dans le Livre.

De sa plus belle écriture d'écolier, formant toutes les boucles, tous les crochets, toutes les queues des lettres capitales que l'on omet quand on prend des notes à la va-vite, il les consignait, quatre ou cinq par page. Ce travail d'écriture était sérieux. Il conférait à chaque créature, par le biais de son nom, une place permanente dans le monde, comme Miss Harcourt le faisait par le biais des images. Les noms étaient magiques. Il y avait derrière chacun d'eux, d'une manière qui lui semblait toujours mystérieuse – comme la première fois qu'il avait appris à les prononcer dans sa tête –, à la fois l'oiseau réel qu'il avait observé, avec ses marques particulières et son cri individuel, et l'espèce, avec toutes ses caractéristiques de régime, de comportement, de préférence pour tel ou tel habitat, type de nid, nombre d'œufs, etc. Par le biais de leur nom, et aussi de sa main tandis qu'il en traçait soigneusement les lettres, ils sortaient de l'air et de l'eau pour entrer dans le Livre. Leur faire une place là, c'était leur donner vie sous une autre forme, reconnaître leur présence dans le paysage, du moins sa part de paysage à lui : leur offrir un « sanctuaire ».

Il retranscrivait ses notes à des moments particuliers et dans un état d'esprit particulier. Il aimait avoir la lampe inclinée juste comme ça, et choisissait une bonne plume et l'encre la meilleure : appliquant toute son attention à la circonstance ; se concentrant, comme autrefois par ces longues et ennuyeuses après-midi à l'école à classe unique où il avait appris, à contrecœur et sans du tout savoir à quoi cela servirait, à former les grosses lettres rondes ; et ajoutant désormais avec panache les barres des grands F, les queues recourbées des Q. Il était fier de son travail, et heureux quand, chaque semaine, il pouvait montrer à Ashley ce qu'il avait ajouté.

« Magnifique ! » disait alors celui-ci pour les noms, la calligraphie, comme jamais il ne le faisait pour les oiseaux véritables, auxquels il apportait seulement son silence. Et c'était bien. Cela plaisait à Jim de recevoir des éloges pour le Livre et du silence face à la créature réelle lorsque celle-ci soulevait son poids parfait de l'eau pour l'enlever dans les airs, car de la sorte, la réaction d'Ashley était le miroir de la sienne.

Lorsque Ashley et Julia Bell se marièrent à la fin de l'année, Jim leur offrit le premier des Livres : non pas exactement à titre de cadeau de mariage, ç'eût été présomptueux, et de toute façon, le Livre appartenait déjà à Ashley, mais pour marquer l'occasion. Et, avec, il joignit la première des photos de Miss Harcourt.

7

Ce fut juste avant cela, à la fin novembre, que Jim surprit un jour, dans le déplacement désinvolte de ses jumelles le long d'une berge marécageuse, une créature que d'abord il crut reconnaître, puis plus : le bec était trop long et recourbé vers le bas, le corps trop grand pour n'importe lequel des divers bécasseaux. Il le fixait, ne sachant ce qu'il était. Il n'aurait pas été plus perplexe, plus étonné, s'il avait découvert une licorne.

Le lendemain, au cas où, il emmena Miss Harcourt sur les lieux et ils attendirent, silencieux le plus souvent, et échangeant de menus riens lorsqu'ils parlaient, pendant que Jim balayait la zone avec ses jumelles.

Miss Harcourt était à moitié affalée, ses bottes au bout de ses jambes tendues, sa volumineuse jupe froissée, sans se soucier du tout de la poussière. Sa capeline était toujours de guingois et de cela non plus elle ne se souciait pas. Elle avait ses propres règles, et s'y tenait, mais n'avait cure de celles des autres. Le père de Jim la croyait folle : « Cette vieille fille avec qui tu traînes, ricanait-il, c'est un oiseau rare. » Mais elle s'exprimait comme une dame, n'avait aucun penchant pour la bouteille et, en dehors de sa passion pour la photographie et de l'équipement qu'elle trimballait partout, aucune excentricité visible. Elle était, pour les gens, un sujet de commérages frustrant, insaisissable, ce qu'elle n'aurait pas dû être ; cela les agaçait. Donc le père de Jim, ainsi que quelques autres, la traitait de folle, mais sans pouvoir fournir de preuve. Elle refusait de devenir un personnage. Et ils finirent par la laisser tranquille.

Jim mâchonnait une allumette, la faisant aller et venir entre ses lèvres.

Enfin, l'oiseau fut là. Il s'avança à découvert par une brèche entre les roseaux. Levant un doigt pour la prévenir, il lui passa les jumelles.

« Près de cette touffe de joncs, chuchota-t-il, à dix heures. »

Elle prit les jumelles, se redressa non sans difficulté, et regarda. Un petit hoquet lui échappa, qui s'étoffa pour devenir un soupir, un « Ooooh ! » délicat.

« Qu'est-ce que c'est ? »

Elle se rassit mollement et abaissa les jumelles sur ses genoux.

« Jim, dit-elle, c'est un *dunlin*, un bécasseau variable. Chez nous, impossible de les manquer. Ils venaient par milliers, tout le long du rivage et dans les marais. Aussi communs que des étourneaux. »

Il prit les jumelles et fixa cette créature rare sur laquelle il n'avait jamais posé les yeux jusqu'à aujourd'hui et qui était aussi commune qu'un étourneau.

« *Dunlin* », répéta-t-il.

Et aussitôt sur ses lèvres, le mot résonna différemment et ce n'était pas juste sa prononciation des voyelles. Cette fraîcheur nouvelle d'un mot ancien pour elle, maintenant qu'il était parvenu de ce côté-ci du globe, sa différence dans sa bouche à elle et dans celle de Jim lui donnèrent envie de rire de bon cœur.

« Mais *ici* », dit-il.

Il souleva de nouveau les jumelles.

« Ça n'est pas possible. »

Et pourtant il était là, évoluant avec naturel, tout à fait inconscient d'avoir brisé une quelconque barrière établie il y a peut-être un million d'années, au pliocène, lorsque la glace était arrivée et que les oiseaux avaient trouvé des voies pour lui échapper et s'y étaient invariablement tenus depuis. Sauf que celui-ci s'en était écarté.

« D'où vient-il ?

— De Suède. La mer Baltique. L'Islande. On dirait bien un nouveau réfugié. »

Jim connaissait le mot désormais. Quelques mois à peine après qu'il l'eut entendu pour la première fois, il était devenu courant, on le voyait tous les jours dans les journaux.

« Demain, dit-il, nous devrions essayer de le photographier. Imaginez, si c'est le tout premier ! »

Il rêvait d'observer le petit corps trapu en vol, de voir la forme des ailes, leur couleur en dessous et leur façon de battre dans les airs, qui avait amené cet individu, seul de son espèce, si loin à l'écart de sa trajectoire. Mais il ne voulait pas qu'il bouge. Pas avant qu'ils aient pris la photo. Il tenait l'oiseau dans ses jumelles comme si, aussi longtemps qu'il l'observerait, il pouvait le garder là, sur ce bout de terre familière, le cadre de la lentille étant lui aussi en quelque sorte magique, une frontière que l'oiseau trouverait difficile de franchir. Il transpirait sous l'effort, inspirant par brèves prises d'air. Enfin, au bout d'un long moment – il ignorait combien de temps –, il écarta les jumelles à regret et trouva Miss Harcourt occupée à le dévisager en souriant.

« Qu'est-ce qu'il y a ? demanda-t-il avec gêne, conscient que son intensité parfois le faisait passer pour un imbécile.

— Rien, Jim. Il n'y a rien. »

Elle l'avait observé aussi attentivement que lui-même avait observé l'oiseau.

Le lendemain, elle vint avec son équipement, ses « instruments du martyre » comme elle les appelait, et prit la photo. Ce ne fut pas difficile. Une fois le cliché développé, Jim resta assis à le fixer. Elle trouvait étrange que ce petit visiteur si commun des rivages de son enfance puisse être si extraordinaire, or il l'était bien sûr, avec son chant de crécelle dont là-bas, les étés d'autrefois, elle finissait par se lasser avant qu'il ne reparte, et qui ici était si exotique, et pour Jim si précieux. Cette façon qu'il avait de serrer l'image entre ses doigts ! Elle était impressionnée par cette nouvelle vision de lui, sa détermination, son intensité.

« J'ai été le premier à le voir, lui dit-il. J'imagine l'être, en tout cas, sinon quelqu'un l'aurait déjà répertorié. Miss Harcourt, nous avons découvert quelque chose ! »

Redécouvert, aurait-elle pu dire, parlant pour son propre compte ; mais elle était tout de même émue d'y être associée.

La chose la plus ordinaire du monde.

Ses pas l'avaient menée si loin, où toute chose était inversée, que même cela ne la surprenait guère.

8

Un jour, Bert, l'ami aviateur d'Ashley, offrit d'emmener Jim faire « un p'tit tour » là-haut.

Jim hésita mais, conscient que l'idée venait en réalité d'Ashley et que l'intention était de lui faire un cadeau, il eut le sentiment qu'il lui était impossible de refuser, même s'il n'était pas véritablement curieux de savoir à quoi ressemblerait le paysage de là-haut. Les vues nouvelles sur les choses ne l'intéressaient pas et il s'apercevait, maintenant qu'il était sur le point de décoller, qu'il avait une peur viscérale, une peur ancestrale de quitter la terre, une notion étriquée et primitive, dérivée peut-être d'un cauchemar qu'il avait oublié mais pas surmonté, que la terre était la sphère de l'homme et l'air celle des oiseaux, et même si l'homme parvenait à transgresser les limites, quelles qu'elles soient, qui lui avaient été posées et, ce faisant, à conquérir une espèce de gloire, ça n'en était pas moins une sortie hors de lui-même qui ne présageait rien de bon. Jim était conservateur. Il préférait évoluer au niveau du sol. Quand il levait les yeux vers le ciel, c'était pour s'émerveiller d'y voir des créatures autres que lui-même.

Mais il se présenta à l'heure dite dans le grand pré derrière la maison, les mains dans les poches, la mâchoire serrée, et le chapeau bien enfoncé sur le front.

La machine volante trônait parmi les bouses de vache, projetant une ombre trapue. Elle était pourvue de deux plans montés l'un au-dessus de l'autre et de quatre poutres convergeant vers la queue, laquelle était une sorte de boîte munie d'un empennage. L'endroit où l'on s'asseyait (il y avait de la place pour deux personnes assises en tandem) était situé sur le plan principal et, à travers l'objet tout entier, comme si personne n'avait réfléchi à la façon de faire tenir ensemble tous ses éléments variés, des cordes de piano se croisaient et s'entrecroisaient. La construction paraissait improvisée, comme si Bert l'avait assemblée spécialement pour l'occasion. Jim n'y voyait rien qui suggérât le vol, aucune tentative de reproduire en bois, toile ou métal la beauté de l'oiseau. Ça ressemblait plus à une cage monstrueuse et il ne fut pas du tout surpris d'entendre Bert l'appeler « le zinc ».

Jim la contemplait dans un esprit de crainte superstitieuse ; et, de fait, ces machines aussi, au cours des derniers mois, étaient entrées dans une dimension nouvelle. Après quelques saisons à peine passées à glisser au-dessus des collines en projetant des ombres inhabituelles et en rognant ici ou là la cime des arbres, ces nouveaux jouets de garçons en quête d'innocente aventure avaient changé de nature pour devenir des armes. Déjà on les utilisait pour larguer des bombes et ils avaient été organisés, en Europe, pour constituer une nouvelle force armée. Bert allait prochainement la rejoindre. D'ici une semaine ou deux il voguerait vers l'Angleterre et pourrait bien se retrouver très vite à survoler la France. En attendant, ils étaient ensemble dans le pâturage sec d'Ashley par une chaude journée de la fin juin. L'air immobile étincelait.

« Pile à l'heure, Jim », lança Bert d'un ton alerte. Il portait de grosses lunettes remontées haut sur sa tête couverte d'un casque de cuir qui moulait le crâne. Il ressemblait, songea Jim, avec ces yeux ronds posés au-dessus du front, à une sorte d'hybride entre un homme et une sauterelle. « Enfilez donc ça, mon vieux », dit-il en offrant à Jim, avec toute la joviale camaraderie qui entoure un nouveau mystère doté de son propre jargon – et son propre harnachement –, la chance d'une transformation similaire. « Il y a un brin de zeph, là-haut, et vous voudrez voir ce qu'il y a à voir, pas vrai ? C'est tout le but de la manœuvre. Laissez-moi vous montrer comment vous installer. »

Jim accepta l'uniforme mais il se sentait trop lourd pour le vol, comme s'il appartenait à une version antérieure de l'espèce qui jamais ne réussirait le croisement. Conscient du poids de ses bottes, de ses mains, des os de son bassin, il grimpa pour s'installer derrière Bert, terriblement à l'étroit dans le siège exigu, et déjà en nage. Le vent chantait dans les cordes et, momentanément, il eut le sentiment qu'ils s'apprêtaient à faire leur ascension dans une sorte de harpe que, pour l'amusement d'Ashley, ils emmenaient en l'air pour la laisser être pincée par le vent. *Je sais ce qui fascine Ashley*, songea-t-il. *Ce sont toutes ces cordes de piano !*

« Bonne chance ! » leur cria ce dernier en battant des bras, comme prêt à décoller lui-même de son propre élan.

« Détendez-vous, lui cria Bert. C'est la machine qui se charge de voler. Tout ce que nous avons à faire, c'est de rester assis sans bouger. Vous ne pouvez pas être plus en sécurité que dans un zinc comme celui-ci. »

L'un des garçons d'écurie, qui s'en était occupé toute l'année, imprima une forte rotation à l'hélice ; le moteur se mit à tourner et ils commencèrent à avancer en oscillant sur l'herbe rude, prirent de la vitesse, parcoururent toute la longueur du pré et, au dernier moment, s'enlevèrent doucement par-dessus la clôture de perches, manquant de peu, plus loin, toucher la cime d'un coupe-vent de pins dépenaillés. Ils volaient.

Ils décrivirent un grand circuit au-dessus de la campagne environnante, franchissant à un moment la frontière. Volant tout près des versants de la cordillère australienne, ils aperçurent un éparpillement de lacs lumineux au sud et de grands fleuves au loin, sur le point d'être en crue, qui roulaient des eaux brunes entre les champs de canne, puis ils virèrent et la côte était là : du sable blanc bordé d'une dentelle de vagues, puis des rouleaux d'écume alignés derrière, puis du bleu sans limite. Bert montra du doigt un champ de courses, et à Southport il y avait l'embarcadère du ferry et la jetée, avec au-delà l'estuaire de Broadwater parsemé de voiles et le courant à la pointe de l'île Stradbroke. Au retour, volant plus bas, Jim eut une vision nette de ce qu'il avait déjà vu en imagination : les marais et leur frange de forêts d'arbres à thé ; les prés, verts d'abord du fait de l'eau sous-jacente, puis secs et broussailleux, qui s'élevaient en pente douce vers les collines en dents de scie, et de l'autre côté, les dunes ; les deux hamacs boisés qu'étaient Big et Little Burleigh ; et un cours d'eau se jetant dans la mer en franchissant une barre de sable, au travers de chenaux de toutes les profondeurs de bleu. Tout cela lui était familier. Il avait couvert au niveau du sol le moindre centimètre carré de ce pays et en possédait une sorte de carte mentale qui n'était pas très différente de ce qui, à présent, s'offrait à sa perception physique. C'était, à défaut d'autre chose, une confirmation : que l'image qu'il avait en tête était juste et qu'il n'aurait plus jamais à remonter là-haut.

Une fois qu'il eut réalisé cela, et réussi l'examen qu'il s'était imposé, il put se détendre et jouir de la sensation d'être simplement là. C'était excitant. Surtout la trombe d'air.

Mais ce qui lui apparut avec le plus de netteté, c'était la façon dont la carte qu'il avait en tête, qu'il avait mise à l'épreuve et dont il avait vérifié l'exactitude, pouvait être apparentée à celle que les oiseaux transportaient dans la leur et qui leur permettait de trouver leur route – grâce à des repères au sol, c'était bien ça ? – jusqu'à l'autre bout du monde. C'est cet émerveillement-là, plutôt que celui de la performance des hommes d'avoir appris à se précipiter dans les airs à soixante milles à l'heure, qu'il garda de l'expérience. Et ils avaient de si petites têtes !

Donc en fin de compte, il en retira bel et bien une vue nouvelle sur les choses.

« Je m'suis laissé dire que t'étais monté dans une de ces machines, le railla son père. T'aurais pas vu des plumes blanches[1] voler là-haut, des fois ? Si t'en as vu, j'te demanderai d'où tu crois qu'elles ont bien pu v'nir. Et c'est point d'anges que j'te parle. Ni de la poulaille à M'ame Arvey. »

C'était juste après l'annonce du débarquement de Gallipoli et du massacre des semaines suivantes. L'attitude des gens envers la guerre était en train de

1. La plume blanche est traditionnellement, dans la société et l'armée britanniques, un symbole de lâcheté, et nombreuses furent les femmes pendant la guerre à en offrir aux hommes soupçonnés de se dérober, afin de les culpabiliser.

changer. Même son père, qui d'abord ne s'était pas senti concerné, se montrait soudain d'un patriotisme féroce et plein d'ardeur pour la bataille. Un nouveau sérieux était entré dans leur vie, lequel se mesurait au nombre de morts que soudain l'on connaissait, au fait que l'histoire était en train de s'écrire et que les noms qu'elle régurgitait cette fois étaient les leurs. Des voisins avaient perdu un fils. Certains d'entre eux étaient des garçons avec qui Jim était allé à l'école. Et son père avait le sentiment, pensait Jim, que lui aussi aurait dû perdre son fils. Il était amer ; Jim le privait de sa chance de toucher du doigt une chose unique, d'éprouver la sensation que lui aussi avait pris pied dans le nouveau siècle et n'en serait pas refoulé.

« J'irais *moi*, claironnait-il, si j'avais pas largement passé l'âge. Pour être avec nos *gars* ! J'donnerais mon bras droit pour y aller ! » Et du poing, il cognait dur dans la paume de sa main.

Sauf que non, songeait Jim, il ne le donnerait pas, son bras droit. Car jamais il ne lèverait le gauche assez vite pour étancher sa soif.

Jim sentait le sol pencher du côté où était la guerre, exactement comme il l'avait senti le premier jour à Brisbane, et il sentait le poids de tous ces morts l'entraîner. L'heure viendrait où il ne serait plus capable de résister. Il glisserait avec les autres. Au fond du gouffre.

Plus tard, il repenserait à cette vue qu'il avait eue depuis l'aéroplane de Bert comme à la dernière vision du monde qu'il connaissait, et le moment où ils l'avaient momentanément perdu de vue, virant pour redescendre, comme celui où il avait su, avec une quasi-certitude, qu'il s'engagerait. Il n'en parla à personne. Mais deux semaines plus tard, après avoir pris quelques verres au pub et joué une longue partie de billard, il rallia Brisbane à l'arrière d'une motocyclette – un gars qu'il ne connaissait pas, ils s'étaient rencontrés seulement une heure avant – et ils s'engagèrent tous les deux.

S'il n'y allait pas, avait-il décidé, il ne comprendrait jamais, une fois que ce serait terminé, pourquoi sa vie et tout ce qu'il avait connu avait tellement changé, et personne ne serait en mesure de le lui dire. Il passerait le reste de son existence à se demander ce qui lui était arrivé et à sonder le regard des autres pour y trouver la réponse.

Le lendemain matin, il monta à la grande maison pour l'annoncer à Ashley Crowther. Il ne se fatigua pas à le dire à son père.

Ashley hocha la tête. Ils étaient assis sur leurs talons au bord de la véranda, Jim mâchonnant une allumette, Ashley, yeux étrécis, contemplant les prés qui étincelaient dans le froid vif du petit matin. Maintenant que le champ du bas avait été labouré et ressemé, les « Monuments » étaient visibles, dressés telles des colonnes en ruine parmi les jeunes pousses.

Ils ne parlèrent pas du travail de Jim. Par un accord tacite, il était entendu que son emploi serait là pour lui quand il rentrerait. Les oiseaux pourraient attendre. Pour eux, les délais étaient plus ou moins infinis.

Miss Harcourt se montra moins conciliante. Elle sembla fâchée, mais se dérida un peu après qu'ils eurent pris le thé.

« Je serai fidèle au poste », dit-elle. Et au ton de sa voix, cela ressemblait à l'option la plus héroïque.

Il partit le lendemain, et ce fut Miss Harcourt qui l'accompagna jusqu'à la voie d'embarquement et attendit qu'il soit monté dans le wagon. Il resta posté à la fenêtre noircie, à la regarder décroître rapidement au loin, silhouette carrée et grise au milieu de l'herbe rude, une nuée d'escarbilles volant vers elle dans le sillage du train. Elle retenait sa capeline dans le vent, s'y cramponnant à nouveau chaque fois qu'elle tentait de lever la main pour dire au revoir.

Jim remonta la vitre, déjà quasiment soldat, et regarda la terre battue s'aplanir.

Son père s'était fait sentimental sur la fin. Il lui avait donné cinq dollars et avait essayé, comme si Jim était encore un enfant, de poser sa main sur sa nuque, tout juste rasée à blanc par le barbier. Ce geste, l'espace d'un instant, avait permis à Jim de voir les choses différemment, comme si une ligne avait été tracée entre le passé et ce qui était à venir, les deux pans de sa vie, et maintenant qu'il était sur le point d'en quitter une partie, il pouvait la considérer clairement. Il sentait encore le poids de la main du vieux, sa chaleur sèche, là sur sa nuque, et il lui apparut que son père serait seul désormais, peut-être pour de bon, et qu'il le savait. « Arh ! avait-il dit férocement. C'est toi qu'en as de la chance. D'y aller ! »

Trois mois plus tard, son fils venu au monde sain et sauf, Ashley Crowther partit lui aussi, mais en tant qu'officier, et dans une autre division.

9

Le monde dans lequel Jim se retrouva ne ressemblait à rien qu'il eût jamais connu ou imaginé. C'était comme si dans son sommeil il avait pris un mauvais tournant, était arrivé du côté obscur de sa tête et y était resté coincé.

D'autres étaient impliqués. Par milliers. Des gars parfaitement ordinaires, comme lui. Qui venaient d'endroits lointains aux noms rassurants comme Samford et Bundaberg, et Lismore, de l'autre côté de la frontière, et qui avaient manifestement vécu des vies semblables à la sienne puisqu'ils parlaient de la même façon que lui et aimaient les mêmes blagues et les mêmes chansons. Ils s'appelaient Nobby Clarke, Blue Cotton, Jock McLaren, Cec Cope, Clem Battersby, et l'un d'eux était un gars râblé aux cheveux frisés, Clancy Parkett, qui s'attirait toujours des ennuis. Il s'en était d'abord attiré au camp d'entraînement à Enoggera, puis sur le bateau pendant la traversée, et il n'avait cessé de s'en attirer depuis : il avait fait le mur avec un autre gars, lors d'une de leurs premières nuits en France, et était rentré avec deux poulets étranglés qui battaient encore des ailes sous sa vareuse. Il connaissait des histoires parmi les meilleures que Jim eût jamais entendues, avait lancé une école de poker et pouvait descendre dix pintes en une seule soirée. Clancy taquinait Jim parce que Jim, à sa façon précautionneuse, tenait à poser un pied solidement devant l'autre. Clancy était exactement l'inverse. Dans la vraie vie, en Australie, il était électricien.

Pendant la traversée sur le *Borda*, puis à Larkhill, dans la plaine de Salisbury, pendant qu'on les retenait à l'arrière pour les entraîner, ils avaient eu largement le temps d'apprendre à se connaître et de voir naître entre eux toutes sortes d'amitiés et d'hostilités. Jim ne s'était fait aucun ami proche dans sa section, aucun en tout cas qui lui tînt vraiment à cœur ; mais il pensait à Clancy comme à quelqu'un dont il n'aurait pas voulu se passer. C'était comme s'il était là depuis toujours.

Beaucoup d'hommes avaient une épouse et des enfants et Jim, au fil des mois, avait vu leurs photos et appris leurs noms. Clancy, lui, avait une Liste : des adresses en plus des noms, qu'il vous agitait sous le nez mais sans jamais vous laisser lire. Il avait aussi des histoires à raconter sur chacune des femmes de sa Liste – il avait un temps travaillé sur des chantiers dans tout le sud de l'État du Queensland – et Jim entendit beaucoup parler d'une certaine Muriel, femme de pêcheur au Passage[1], ainsi que d'autres, une Pearl, une Maureen, dans des villes comme Warwick et Esk. C'étaient les noms de ces villes, autant que les récits grivois des batifolages de Clancy en temps de paix, que Jim aimait écouter. Ça lui faisait du bien, ça permettait à leur ancienne vie de rester réelle ; et lui n'avait aucune histoire personnelle à raconter.

Il en alla de même plus tard lorsque Bobby Cleese et lui, après l'assaut d'une tranchée, passèrent une journée et une nuit entières dans un trou d'obus en face des lignes ennemies, si près qu'ils pouvaient entendre gratter les allumettes dans les tranchées et un homme enrhumé renifler sans arrêt. C'était le début de février et il gelait.

Bobby avait parlé de la Baie, dans un murmure bas et étouffé lui-même créateur de mystère et qui rendait le familier étrange, comme dangereux ou interdit. Il avait raconté les parties de pêche à Peel Island où se trouvait la colonie de lépreux.

« Le pêche-madame, ah ! voilà un bon poisson. Délicat. Tu peux en manger des quantités s'il est juste cuit au court-bouillon, avec une sauce blanche agrémentée d'un peu d'oignon et de persil. Mais… plein d'arêtes. J'ai vu un type s'étrangler, une fois. Horrible. Le meilleur endroit pour le pêche-madame c'est du côté de Redcliffe, ou de

1. Pumicestone Passage, au nord de Brisbane.

l'autre côté de la pointe à Deception Bay. T'as déjà été à Redcliffe, Jim ? Y a une jetée. »

La voix de Bobby, à l'haleine blanche dans le froid, évoquait toute l'incandescence de la baie fumant légèrement (c'était l'été là-bas) dans la chaleur d'avant l'aube, et Jim pouvait la voir, presque éprouver la tiédeur dans ses os, flairer l'eau sale au fond du canot et sentir des écailles de poisson sécher et lui coller aux pieds. Elle était là, la Baie. Il y faisait grand jour. À l'instant où ici ils parlaient, loin dans le no man's land sous une lune dangereuse, la Baie étincelait dans le soleil, ou noircissait peut-être sous un orage qui enflait et éclaterait seulement en fin d'après-midi. Des hommes étaient dehors, à entraîner des lévriers, et peut-être bien qu'une charrette de laitier avec trois bidons métalliques commençait sa tournée. Et des pêche-madame, par milliers, grouillaient sous la surface bleue des yeux de Bob Cleese.

Jim aurait aimé parler du marécage et des grandes marées, les marées royales comme on les appelait, qui en cette période de l'année déferlaient d'un bout à l'autre des plages, menaçant de les emporter.

« Sapristi, ce que j'ai froid », fut ce qu'il murmura à la place. La boue, sur le pourtour du trou dans lequel ils se trouvaient, était durcie par le gel. Sa bordure gris sale, où elle était touchée par la lune, était un fil de rasoir. De la glace. Ils se tenaient accroupis, de la boue jusqu'aux genoux.

« Raconte encore, Bobby. Ce type avec l'arête de poisson. À Deception. »

Mais plus rassurant que tout – que les lieux, que les histoires d'une vie qui, ailleurs, n'avait pas été interrompue –, et agissant comme une sorte de réconfort intime pour lui seul, il y avait la présence des oiseaux, qui permettait à Jim d'établir dans sa tête une autre carte, où les deux parties de sa vie, ici et là-bas, étaient reliées, et de retrouver par moments son chemin vers un cycle naturel des choses que les oiseaux continuaient, eux, à suivre sans perturbation.

À la fin de l'été et tout l'automne, Jim avait vu la plaine de Salisbury peuplée de milliers d'oiseaux. Et plus tôt dans l'année, après le long trajet en train depuis Marseille, quand pour la première fois ils avaient traversé la Manche, il avait aperçu depuis le bastingage tout un vol de chevaliers guignettes, avec leurs ailes étrangement arquées vers le bas, évoluant au ras de l'eau huileuse, et, clairement identifiables parmi eux car beaucoup plus gros, des bécasseaux maubèches, certainement descendus de l'Arctique, le corps rougeâtre en cette saison – les mêmes bécasseaux qu'il aurait pu voir le long des bancs de sable sur les côtes australiennes, arrivant au printemps et repartant au début de l'automne, exactement comme ils le faisaient ici. Il était réconfortant de voir ces créatures familières, capables d'aller et venir d'un bout à l'autre du globe dans le cours naturel de leur vie, et de constater qu'elles étaient à peine touchées par l'activité déployée autour d'elles : les ferries crachant de la fumée, le déchargement des gros cuirassés, les cris, les coups de sifflet, les hommes débarquant le long des passerelles et se formant en rangs sur le quai, les moteurs vrombissants des camions, les chevaux paniqués, descendus ruant et hennissant par des treuils, le son des cornemuses écossaises. Il enregistra le cri de ces chevaliers locaux – *kitty wiper, kitty wiper* –, qui était nouveau pour lui, et, plus étouffé, celui du bécasseau maubèche, si familier qu'il sentit son cœur se retourner et aurait pu se croire de retour dans les dunes chaudes, pieds nus, les yeux posés sur un long déroulement de lame. Ça faisait *thu thu*, un doux sifflement sur deux notes. Puis, encore plus doucement, *wut*. Très bas, mais son oreille le capta.

Encore passionné en ces premiers jours, il notait tout, afin de le décrire plus tard à Miss Harcourt. « J'ai revu le *dunlin* », put-il ainsi lui raconter. Il ne s'était pas douté, à la vue de cet unique spécimen, de l'effet qu'ils produiraient en nombre. « Un grand vol, écrivit-il, virant d'un côté et de l'autre, en synchronisation parfaite, tous leurs ventres blancs étincelant dans le mouvement. »

À leur retour au Havre – c'était l'hiver à présent et ils avaient dressé le camp sur une plaine boueuse aux abords du port –, Jim avait été pris à partie par un grand costaud d'une autre compagnie, un type du nom de Wizzer Green.

Jim ne l'avait jamais vu avant. Il ignorait ce qu'il avait bien pu faire – peut-être n'avait-il rien fait du tout –, mais quelque chose en lui avait offensé Wizzer et alors qu'ils étaient encore excités par la traversée et fatigués d'avoir marché au pas jusqu'au camp, il y avait eu comme une échauffourée au cours de laquelle Wizzer avait fait un croche-patte à Jim puis l'avait accusé de s'être mis délibérément en travers de son chemin. En un rien de temps, ils s'étaient retrouvés nez à nez, prêts à se battre.

Il n'y avait eu aucune parole enflammée. Personne d'autre n'avait entendu le défi méprisant de Wizzer. Mais Jim et lui, quasiment au premier regard, avaient vu clair dans le cœur l'un de l'autre. Ça pouvait donc arriver, à ce qu'il semblait. Et Jim s'était retrouvé à défendre quelque chose en lui – il ignorait quoi – que rejetait Wizzer, et il avait découvert qu'il avait besoin de cette confrontation soudaine et inattendue pour savoir qui il était et ce qu'il avait à défendre. Les ennemis, comme les amis, vous apprennent qui vous êtes. Ils se firent face, le regard assassin. Et Jim fut surpris par la colère noire dont il était soudain possédé, et par la froide sauvagerie qu'il percevait chez l'autre, dont les sourcils carrés et crispés, et les dents qui grinçaient férocement, lui rappelèrent son père – le lui rappelèrent car, à cet instant, il se rapprocha plus qu'il ne l'aurait jamais cru possible de la nature de son père.

Ce fut Clancy qui s'interposa et, avant que Jim

comprenne vraiment ce qui s'était passé, c'étaient Wizzer et Clancy qui en venaient aux mains, mais dans un esprit différent. Leur violence était ordinaire. Ils échangeaient des coups et des insultes, et disaient et faisaient tout ce qu'il est de rigueur en pareille circonstance, pendant que les autres hommes faisaient cercle autour d'eux et les encourageaient, mais leur affrontement n'était pas meurtrier comme le précédent l'avait été. De celui-là, les autres – Clancy mis à part – s'étaient écartés, reconnaissant une situation qu'aucune règle ne régit.

Le plus étrange fut que Wizzer parut tout aussi soulagé que Jim de voir la violence désamorcée.

Clancy, qui termina en faisant le pitre, écopa d'un coquard et passa ensuite des jours à taquiner Jim en remettant constamment le sujet sur le tapis. « Je me tape l'œil au beurre noir de Jim Saddler », disait-il à qui voulait l'entendre. Mais en aucun cas il ne sous-entendait que Jim s'était dérobé ; et personne ne le pensait. Prêt à se battre, il avait même été prêt à tuer.

Jim s'interrogea sur lui-même. Quand, par la suite, il décrivait un large cercle pour éviter Wizzer Green, il ne le faisait pas par timidité mais mû par le désir de n'être point confronté à quelque profondeur en lui, et en l'autre homme, qui l'effrayait et qu'il ne comprenait pas.

10

Ils montèrent à Bailleul dans des wagons à bestiaux, quarante hommes par voiture. *Quarante hommes ou huit chevaux*, proclamait l'écriteau. Même pour l'armée, cette équation semblait sommaire, et l'on se demandait qui l'avait établie.

L'embarquement prit des heures, les hommes de chaque compagnie étant d'abord rassemblés près de leurs paquetages puis vivement exhortés à monter, les derniers poussant pour pouvoir entrer. Il fit d'abord froid, puis étouffant, et les wagons empestaient. Même après avoir suspendu les paquetages à des crochets au plafond, il n'y avait pas assez de place pour que tous puissent s'asseoir ou s'allonger. Beaucoup durent rester debout, pressés durement contre les parois.

Ces wagons avaient naguère conduit des bestiaux à l'abattoir. La vieille odeur des bêtes était encore là dans les lattes en bois des parois et les planchers piétinés et scarifiés par les sabots. Elles étaient montées à la tuerie abruties de terreur. C'était différent pour les hommes. Après tous ces mois cantonnés en Angleterre, et les jours passés au camp de triage d'Oostersteene, où on leur avait donné des masques à gaz et appris à s'en servir, ils étaient impatients. Bouger était déjà quelque chose en soi – ça, et savoir qu'on allait enfin arriver à la guerre. Un gars joua de l'harmonica et ils chantèrent en chœur. Mais à mesure que les heures passaient, vingt, vingt-quatre, et que leurs membres commençaient à s'ankyloser, et que leur sueur séchait sur eux, et que la soif les torturait, elle leur devint tout aussi insupportable, cette dernière étape, et ils brûlaient de descendre, peu importait où.

Pourtant, ç'aurait pu être pire. Une fois qu'on avait trouvé une place où se caler, et si l'on ne craignait pas le froid, on pouvait faire coulisser la porte pour voir dans quelle sorte de pays l'on entrait. On apercevait des routes dans le lointain, certaines récentes, chacune avec sa propre circulation, chevaux, canons avec avant-train et attelage, camions motorisés, parfois un tracteur, et des colonnes d'hommes marchant dans les deux sens, avec des officiers qui allaient et venaient à cheval.

Le train ralentit plusieurs fois et soudain s'arrêta dans une secousse et un crissement de roues, et il y eut un moment de silence avant que les hommes ne commencent à jurer. Certains descendirent pisser le long des voies ; leur urine fumait. Un ou deux s'éloignèrent en courant et s'accroupirent dans la neige – il semblait y avoir largement le temps –, et il fallut les rappeler lorsque, sans prévenir, le train repartit. Clancy Parkett décida de se procurer de l'eau chaude pour faire du thé et, laissant là leurs fusils, tandis que les wagons s'ébranlaient lentement, Jim et lui sautèrent à bas du train et remontèrent au petit trot toute sa longueur jusqu'à rattraper la locomotive. Ils faisaient la course avec elle. Courant aisément dans la douce neige française. Des gars se penchaient aux fenêtres pour les encourager. Quand ils la rejoignirent enfin, Clancy, qui était un peu enrobé, était trop essoufflé pour parler. Ce fut Jim, alors que tous deux continuaient à trotter à sa hauteur, qui expliqua au conducteur ce qu'ils voulaient en montrant la bouilloire.

C'était un grand gaillard en bleu de chauffe, avec de grosses lunettes de protection et une moustache. Un Écossais. Il trouva fort comique de les voir trotter ainsi le long de la voie, avec Clancy tellement hors d'haleine. Il appela le chauffeur de la machine à vapeur pour qu'il sorte les regarder. Sa face noircie toute dégoulinante de sueur se fendit d'un éclat de rire.

Mais on leur tendit leur eau et ils la prirent, toute bouillante, au pas de course, puis attendirent à côté de la voie que leur wagon et ses visages familiers reparaissent. Jim tenait la bouilloire à bout de bras comme si c'était une sorte de trophée et, à mesure que chaque wagon passait devant eux, les hommes les chambraient ou les acclamaient.

Seul, Jim n'aurait jamais rien fait de tel ; mais

avec Clancy, cela ressemblait à une aventure, une parenthèse dont il se souviendrait et qu'il pourrait raconter : la fois où j'ai coursé le train pour Bailleul avec Clancy Parkett – sa conversation essoufflée avec le conducteur de la locomotive, le moment simplement passé debout tout radieux dans le froid, pendant que les visages du bataillon tout entier défilaient devant eux et que la terre derrière s'enfonçait, étrangère, mystérieuse, dans des replis enneigés, traversée de routes noires et de chemins creux, mais vide d'habitations. Le thé, lorsqu'ils l'avalèrent à grandes lampées fumantes et sucrées, était particulièrement bon.

Ils approchaient du front. C'était maintenant un nouveau paysage, nouvellement développé pour la promotion de la guerre. Partout, coupant à travers ce qui auparavant avait dû être des vignes ou des champs de betteraves, il y avait des voies de circulation d'urgence, empierrées pour le passage des véhicules à moteur et des canons, pavées ou en terre battue pour le passage des hommes, et toutes étaient utilisées – par des hommes à pied ou à cheval se déplaçant en colonnes denses, par des mules, des carrioles attelées, des canons. Tout du long, il y avait des ateliers de forgerons et des dépôts de munitions, des enclos gardés contenant des rouleaux de câbles et d'énormes roues de fil de fer barbelé, des caillebotis, des sacs de sable, des planches et des madriers, d'épaisses dosses de hêtre pour les nouvelles routes modernes, praticables par tous les temps, qui se construisaient à l'avant. Des voies de tram circulaient entre les routes et des câbles télégraphiques sillonnaient le paysage, entrecroisés à terre ou prêts à être tirés dans de profondes saignées. Tout était la proie d'une intense activité. Les choses, on le voyait, étaient organisées à grande échelle et avec un savoir-faire impressionnant, comme dans l'intérêt d'un projet commercial ambitieux, résultat du progrès, de l'efficacité et du potentiel accru de l'époque.

Lorsque enfin ils descendirent, dans la périphérie de Bailleul, au milieu de ce nouveau paysage, Jim comprit ce que tout cela lui rappelait. C'était une image qu'on lui avait montrée il y avait bien longtemps, à l'école du dimanche, de la construction des pyramides.

Des foules d'hommes, tous reliés ensemble par des cordes, hissaient des blocs de pierre au sommet d'une colline, attelés par milliers tels des bœufs sous le joug pour haler ces blocs depuis les quatre points cardinaux en direction d'un formidable cône qui émergeait lentement des sables. La fille blonde qui leur faisait le catéchisme (elle s'appelait Agnes McNeill et avait plus tard épousé un maître d'école) avait tiré une morale de l'image : les pharaons étaient cruels (si on regardait de près, on pouvait voir les fouets des contremaîtres) et impies, et leur projet était monstrueux. Mais Jim, voyant peut-être les choses selon une perspective faussée, et avec les yeux d'un autre siècle, avait été impressionné, tout comme maintenant il était impressionné par le mouvement qu'il observait tout autour de lui : de vastes quantités d'hommes à la poursuite d'une entreprise dont l'échelle égalait manifestement tout ce que les pharaons avaient imaginé, et à laquelle lui, Jim Saddler, s'apprêtait à prendre part.

11

C'était une section calme du front. Ils étaient cantonnés dans une filature de coton abandonnée, à proximité du centre de la ville. Bien qu'Armentières, à ce moment-là, ait déjà été défendue, prise, puis reprise, et soit fréquemment bombardée, elle conservait encore un semblant de normalité ; elle n'avait pas encore été gazée et n'était pas désertée. Tous les matins, des jeunes filles se présentaient au portail de l'usine avec des plateaux de petits pains au lait et de café ; il y avait une douzaine de bons estaminets et plusieurs bordels ; des paysans, à la périphérie de la ville, continuaient à cultiver des choux et tentaient de faire pousser du blé jusqu'à la lisière de la zone où commençaient les tranchées.

C'étaient les gens du cru dont les fermes s'étaient jadis trouvées là où maintenant se trouvait la guerre. Ils n'étaient pas tous partis, et tous n'étaient pas reconnaissants de voir leur terre défendue contre des envahisseurs. Pour la plupart, ils voulaient juste que la guerre se déplace et s'éloigne. C'étaient des gens au visage sévère, figé, vêtus de hardes aussi déguenillées et boueuses que celles des soldats, aux pieds parfois chaussés de sabots mais le plus souvent emmaillotés de loques. On les voyait, debout sur le seuil de maisons démolies, défendre leurs biens – quelques poules, une vache, une cave pleine de bouteilles poussiéreuses – contre les défenseurs, lesquels étaient toujours en quête de quelque chose à manger ou à voler, d'une femme susceptible d'être attirée dans une grange sale, ou de n'importe quelle malice destinée à tuer l'ennui et distraire leur esprit de ce qui les attendait.

Il y avait plusieurs guerres en cours ici, et des zones d'hostilité différentes, dont toutes n'étaient pas officielles.

Quant aux habitants de la ville, ils ressemblaient aux habitants des villes n'importe où dans le monde. La guerre était une bonne affaire. Les filles qui vendaient des gâteaux devant l'usine étaient jolies. Leurs mères tenaient des bars et des cafés. Leurs petits frères, l'après-midi, montaient vendre des journaux en traversant les lignes de soutien australiennes.

La dernière nuit avant de rejoindre la ligne (ils devaient monter le 23 décembre et passer Noël là-bas), Clancy persuada Jim de faire le mur pour se rendre dans un village juste à la sortie de la ville. Il fallait pour cela parcourir près de trois kilomètres dans la neige. C'était un petit village sommaire à présent, et ça l'avait probablement toujours été, mais une femme y tenait un bon petit estaminet dans ce qui subsistait d'un corps de ferme bombardé, avec des œufs et parfois du cognac, et Clancy était intime avec elle. Ils n'étaient là que depuis deux ou trois semaines, mais elle figurait déjà dans la Liste. Elle s'appelait Monique.

« Allez, camarade, laisse-toi tenter, l'exhorta Clancy. On sera peut-être tous morts à Noël. »

Taquiner Jim l'amusait. Après tous ces mois de vie de camp, Jim continuait d'exister dans un monde à lui, non pas exactement secret, mais impénétrablement privé. Il accomplissait tout avec un soin méticuleux et dans les plus strictes règles de l'art, comme s'il y avait dans l'accomplissement de ces gestes une singulière sécurité – nettoyer et remonter son fusil, cirer ses bottes, déballer son paquetage. Le plus étrange, c'était que Clancy respectait cela. C'était chez Jim ce qu'il voyait de plus sympathique et séduisant. Son but, en le tirant hors de lui-même, était de pousser Jim à résister et à être le plus authentiquement lui-même.

« J'te l'dis, mon pote, dans c'monde faut apprendre à contourner les choses, lois et règlements. À faire les coups en douce. Ça a jamais conduit personne nulle part d'être trop honnête. »

Jim résistait. « Non, Clancy. Je crois qu'je vais rester ici.

— Ben, Monique va être déçue. J'lui avais promis que t'en serais. Mon pote Jim, j'avais dit. La prochaine fois, j'amène mon pote Jim.

— Le capitaine…

— Bah, au diable le capitaine ! Tu crois qu'y s'en soucie ? Y dicte ses règles avec son sourire en coin, tout comme y compte sur nous pour les enfreindre. Grandis un peu, camarade ! C'est le monde réel, ici. Et on sera pas les seuls, t'sais. La moitié du bataillon y va. »

Jim se laissa fléchir. C'était leur dernier soir, après tout, et l'avenir était imprévisible. Ils se mirent en route ; mais ils n'avaient pas fait cent mètres qu'un appel retentit derrière eux.

« Hé ! Jim, Clancy, où c'est qu'vous allez ? »

C'était Eric Sawney, un garçon triste et pâle qui depuis leur premier jour à Thompson's Paddock avait jeté son dévolu sur Clancy et dont la dévotion de chien était une plaisanterie dans la compagnie. Clancy n'avait trouvé aucun moyen de décourager le gamin. Sauf à se montrer carrément brutal avec lui, Eric ne se laissait pas désarçonner.

« Merde ! disait maintenant Clancy. V'là Eric qui se ramène. J'croyais qu'on l'avait semé. Ils devraient en faire un chien policier, d'ce gosse.

— Où c'est qu'vous allez ? » répéta Eric.

Clancy restait planté là, à se triturer l'oreille.

« Oh, nulle part, mon pote. On marche juste un peu pour digérer.

— Vous allez en ville, dit le gamin, me prenez pas pour une andouille. J'peux pas v'nir ?

— Écoute, Eric. On peut pas aller en ville à cette heure. Tu l'sais. Qu'est-ce qu'elle dirait ta mère ?

— J'ai pas d'mère.

— Ben, ta tante alors. »

Eric s'entêta. Son visage hagard, toujours pâle, prit un aspect livide et dur. Il contracta la mâchoire, quelque part entre l'obstination et la bouderie. La neige tombait.

« T'es mineur, invoqua désespérément Clancy. J'parie que t'as pas seize ans.

— Un peu que j'les ai. J'en ai même dix-huit.

— Oh, doux Jésus, gémit Clancy. Viens donc, alors. Mais tâche de pas foutre le boxon, hein, mon pote ? Tiens un peu la bride à c'caractère de cochon que tu as. »

Clancy adressa un clin d'œil à Jim et Eric leur emboîta le pas. D'autres groupes, progressant pesamment dans la neige bourbeuse, emmitouflés contre le froid, avaient pris de l'avance. Et d'autres suivaient.

Monique était si différente de ce que Jim avait pu imaginer qu'il se posa plus tard des questions à propos de Muriel du Passage, et de Phyllis, et de Betty et d'Irène. C'était une lourde femme blonde d'une cinquantaine d'années, à la volupté triste et aux lèvres meurtries. Elle leur souhaita la bienvenue à tous, laissa Clancy lui pincer les fesses et passa le restant de la soirée accoudée au comptoir, sur lequel reposait son buste généreux, ou occupée à remplir lentement des verres. Très vite ils furent bien vingt, voire trente soldats australiens de leur bataillon, et plus tard il en arriva encore autant du

43ᵉ. Deux jeunes filles, vraiment guère plus que des gamines, vinrent aider au service, et une vieille grand-mère édentée s'activa avec une grosse poêle à cuire des omelettes et des *pommes frites**[1]. Clancy buvait de l'alcool fort, Jim et Eric du *vin blanc** avec du sirop.

« Doux Jésus, protesta Clancy, c'est quoi ça ? Un goûter d'anniversaire ? »

Mais Jim avait terriblement envie de sucré. Pour une raison quelconque, ici, il n'en avait jamais assez. Voilà qu'il rougissait maintenant de se trouver dans le même bateau qu'Eric, qui pleurnichait toujours comme un enfant pour avoir des biscuits et des petits pains au lait, et dont les poches étaient toujours pleines de carrés de chocolat à demi fondus dans du papier d'argent, contre lesquels il troquait même sa ration de tabac.

Au bout d'un moment, avec le monde, l'alcool, la fumée de la poêle, il se mit à faire chaud. Un Français jouait de l'accordéon. Jim s'enivra légèrement et Clancy s'enivra beaucoup. Eric, engoncé dans sa capote, sa bouche enfantine entrouverte, s'endormit paisiblement.

« Alors, mon pote, on s'sent pas bien ici ? Du joli p'tit monde… une femme appuyée au comptoir… »

Clancy avait le don de créer de petites fêtes à par-

1. En français dans le texte, de même que plus loin toutes les expressions en italique suivies d'un astérisque.

tir de quasiment rien. Jim ressentit une immense affection pour lui.

« J'veux dire, ça s'ra que'que chose à s'rappeler, non, quand on s'ra là-haut à se geler les couilles à Noël. J'me souviens, à Noël dernier, j'... »

Et Clancy de se lancer dans une de ses histoires. Comme d'habitude, Jim s'y trouva bientôt plongé. Les merveilles de la vie de Clancy Parkett. Sauf que soudain, celle-ci prit une direction inattendue.

« M'a repoussé d'une baffe », disait Clancy d'une fille dont Jim n'avait jamais entendu parler avant et qui ne figurait pas dans la Liste. Elle s'était glissée en douce dans cette nouvelle histoire. Jim se demanda si, sous l'effet du vin, de la chaleur et de la voix familière de Clancy, il ne s'était pas assoupi une minute et avait raté son entrée, avant de s'aviser que Clancy l'avait eue en ligne de mire tout du long, cette fille, là-bas à la périphérie de ce qu'il racontait. À sa manière subreptice, il s'était progressivement rapproché d'elle, mais en ignorant dans le même temps sa présence, tandis qu'il s'attachait à d'autres choses : la voiture qu'il conduisait un an plus tôt, les endroits où il avait travaillé. Il finit par capituler et se confronter à elle. « Margaret, dit-il, comme s'il l'appelait à les rejoindre. Margaret, qu'elle s'appelait. » Et aussitôt il rougit jusqu'à la racine des cheveux. Jim était stupéfait. L'histoire s'était changée en confession. « Et voilà. Je me suis engagé le lendemain. »

Jim ne savait pas quoi dire. Il n'avait pas l'habitude de ce genre de choses. Il reprit une longue gorgée de sa boisson sirupeuse puis repoussa son verre ; il en avait assez. Clancy donna une bourrade à Eric et le gamin se réveilla en sursaut, un grand sourire aux lèvres, puis se rendormit.

« Allez, p'tiot », dit Clancy en le hissant sur ses pieds. Eric avait les yeux clos et souriait béatement. « Au moins, dit Clancy en contemplant le gosse, si y s'fait tuer à Noël, il aura pris une cuite une fois dans sa vie. Ça va aller, mon pote ? Tu crois qu'tu peux marcher ?

— Bien sûr que j'peux, dit le gosse avec une belligérance soudaine.

— C'est bon, t'emballe pas ! J'demandais, c'est tout. »

Le lendemain soir, après une journée de préparatifs anxieux, de nettoyage et de vérification de leur barda, et puis après avoir longtemps attendu sans rien faire que tourner en rond, ils rejoignirent les premières lignes.

12

Souvent, ainsi que Jim le découvrit plus tard, on entrait dans la guerre par une brèche d'aspect ordinaire dans une haie. L'instant d'avant vous étiez dans un champ labouré, avec entre les crêtes des creux emplis de neige qui indiquaient l'emplacement des anciens sillons, et des paysans au loin en train de déterrer des navets ou de couper des choux d'hiver, et l'instant d'après vous aviez traversé la haie et vous vous retrouviez sur des caillebotis ; et quand bien même vous auriez pu regarder en arrière et apercevoir encore des cultivateurs au travail ou observant d'un air renfrogné les soldats passer sur leurs terres et s'enfoncer lentement dans le sol, il y avait toute la différence du monde entre votre situation et la leur. Ils étaient dans un champ et pour ainsi dire chez eux. Vous étiez dans le système des tranchées qui conduisait à la guerre.

Mais à Armentières, cette toute première fois-là, c'était depuis le centre-ville qu'on arrivait à la guerre. Après avoir traversé la Place de Onze-heures-etdemie (on l'appelait ainsi parce que c'était l'heure à laquelle l'horloge de l'hôtel de ville s'était arrêtée lors d'un des premiers bombardements ; tout ici avait été renommé, et puis nommé encore tandis que lieux et rues, un bosquet, un corps de ferme renonçaient à leur histoire ancienne et entraient dans la nouvelle), vous tourniez à gauche puis traversiez la Place des Barbelés jusqu'à vous trouver devant un grand bâtiment rouge appelé le Magasin des Cuissardes. Là, après avoir été équipé de bottes en caoutchouc qui vous arrivaient à mi-cuisse, et avoir piétiné quelques minutes pour vous habituer à les porter, vous étiez emmené dans les sous-sols d'un autre bâtiment plus grand, en brique celui-là, qui était un asile d'aliénés ; à partir de là, empruntant l'Allée des Fous, vous rejoigniez les lignes. L'Allée des Fous commençait comme une rue pavée, puis devenait un chemin de terre, et, avant d'avoir pleinement réalisé ce qui vous arrivait, vous vous retrouviez sur des planches. À partir de là, en dépit de tous leurs tours et détours, les caillebotis conduisaient tout droit à la guerre.

Ils entamèrent la montée au crépuscule et, le temps que la nuit tombe et que les premières fusées éclairantes soient visibles, projetant leur éclat jaune sur le dessous des nuages et retombant parfois dans une pluie d'étoiles scintillantes, ils avaient atteint la ligne de soutien, trébuchant dans l'obscurité à travers un dédale de boyaux de communication, d'entretoises et de banquettes de tir arrondies, trimballant bidons d'eau, gamelles, outils de fortification, grognant sous l'effort pour tâcher de tenir le rythme et complètement aveugles, hors l'avertissement, passé d'homme en homme, de la présence d'un trou au-devant dans le caillebotis glissant – *Mais où ? À quelle distance ? Est-ce que je suis déjà dessus ?* – ou d'un obstacle en barbelés au-dessus de leur tête.

Plus ils s'enfonçaient, pire ça devenait. Par endroits, les infiltrations étaient si importantes que les caillebotis se trouvaient trente centimètres sous l'eau. À un moment, toute une paroi de terre s'étant éboulée, le passage était si étroit qu'ils purent à peine s'y faufiler : l'endroit avait été frappé par une *minnie*[1]. Ils croisèrent deux brancardiers repartant dans l'autre sens avec un homme qui criait, et une partie de l'humidité, songea Jim lorsqu'ils se frôlèrent, devait être du sang. Ils se dépêchaient pour tenir le rythme de l'homme de tête et furent bientôt essoufflés et en nage, en partie à cause de la cadence effrénée qui leur était imposée – les hommes à l'avant devaient carrément courir – mais aussi parce qu'ils étaient surexcités et pressés d'arriver enfin à destination et de voir ce que c'était. Tout était si nouveau ici, et ils ignoraient ce qui risquait d'arriver ensuite et, lorsque ça arriverait, comment ils l'affronteraient.

---

1. Mortier tiré par les Minenwerfer allemands, surnommés « marmites » par les poilus français.

Il n'y avait pas moyen de s'arrêter. Si un homme ralentissait pour rajuster son paquetage ou parce que son fusil se prenait dans un enchevêtrement au-dessus de sa tête, toute la troupe risquait de prendre un mauvais tournant et de se perdre dans l'obscurité.

L'odeur elle aussi empirait à mesure qu'ils se rapprochaient. C'était l'odeur des parois de terre humide et des planches pourries, de la boue imprégnée de gaz, des cadavres en décomposition tombés lors des combats précédents et désormais incorporés au système lui-même, avançant à l'occasion une main ou un pied, déguenillés et noirs, pas encore complètement ingérés ; l'odeur de crottes de rat, de pisse, et des corps pas lavés des hommes qu'ils venaient relever, lesquels sentaient également le cadavre et étaient, dans leur lassitude aux yeux lourds au moment de quitter les tranchées, tout à fait méconnaissables alors que Jim en connaissait beaucoup de vue et même certains par leur nom : la guerre semblait les avoir immédiatement transformés. Ils avaient occupé ces tranchées pendant onze jours. « C'est pas si terrible », marmonnaient certains, et d'autres, plus bravaches, prétendaient que c'était une partie de plaisir. Mais ils paraissaient tout de même vaincus.

Eux-mêmes y restèrent onze jours et quoique l'odeur ne s'atténuât pas, ils cessèrent de la remarquer ; c'était la leur. Ils n'étaient plus seulement les

Eggs a-cook'[1] du refrain facile : *Verra nice, verra sweet, verra clean. Two for one*, mais des soldats comme les autres. Ils étaient des hommes.

Pendant onze jours, ils s'établirent et tinrent leur position. C'est-à-dire qu'ils écopèrent de l'eau croupie, posèrent de nouveaux caillebotis, remplirent et portèrent des sacs de sable pour réparer le parapet, se dressèrent, en état d'alerte, prêts à faire feu, quelques minutes à peine avant l'aube, restèrent accroupis ensuite sur les banquettes de tir, à attendre – seule preuve quotidienne de la réalité de la guerre –, avant de se replier pour le petit-déjeuner. Certains jours il pleuvait, et ils restaient alors simplement assis sous la pluie et dormaient ensuite dans la boue. D'autres jours, c'était mieux. Des hommes somnolaient sur les banquettes de tir, lisaient, jouaient au *pontoon*[2], ou bien faisaient la chasse aux poux dans leurs chemises. Ils avaient toujours froid et manquaient constamment de sommeil. Ils voyaient des avions les survoler en formation de deux ou trois et assistaient parfois

---

1. Surnom donné aux membres de la 3e division australienne à leur arrivée en Angleterre par leurs compatriotes des autres divisions alors engagées dans les combats de la Somme. Le terme est apparu en Égypte où les indigènes vendaient des œufs durs aux troupes en scandant *Eggs-a-Cook, verra nice, verra sweet, verra clean. Two for one.* (« Œufs sont cuits, trrès jolis, trrès frais, trrès propres. Deux pour un. »)

2. Variante australienne du blackjack, ou vingt-et-un.

aux marges d'un combat aérien. De gros obus noirs apparaissaient dans le ciel au-dessus de leurs têtes, tournoyant très lentement sur eux-mêmes avant de prendre une pente descendante ; la terre tremblait. On s'y habituait ; à ça, et au vacarme.

Jim ne vit pas un seul Allemand, et pourtant ils étaient bien là. Des tireurs embusqués. Un gars, trop sûr de lui, avait regardé deux fois par-dessus le parapet pour relever un défi, et il avait eu la tête explosée. Il s'appelait Stan Mackay et ça tourmentait Jim de ne pouvoir mettre un visage sur ce nom, même lorsque Clancy lui décrivit l'homme. Il avait le sentiment qu'il aurait dû être capable de faire au moins ça. Un type auquel il avait adressé la parole plus d'une fois n'aurait pas dû s'en aller comme ça, sans visage.

Des tireurs embusqués. Et aussi des mitrailleurs.

L'un d'eux, qui devait avoir le sens de l'humour, savait reproduire toutes sortes de rythmes de jazz et de drôles de syncopes alors qu'il « jouait » avec le parapet. Ils finirent par connaître son style. On le surnommait Parapet Joe. Il avait réussi, ce type, à percer et à s'établir comme quelque chose de plus que l'ennemi. Il était devenu un individu, qui se devait par conséquent d'avoir un nom. Savait-il qu'en face on l'avait baptisé Parapet Joe ? Jim se le demandait, et il se demandait, à cause du nom, à quoi ce gars ressemblait. Mais il aurait été fatal de chercher à le savoir.

Une nuit, pendant plusieurs heures, il y eut un

bombardement sous lequel ils se tinrent blottis, les bras autour de la tête, non pas seulement pour se protéger du bruit mais pour feindre, comme l'auraient fait des enfants, d'être invisibles.

Mais le véritable ennemi, celui qui les défiait jour et nuit et les accablait en permanence de fatigue, c'était l'eau puante qui suintait continuellement des parois et montait autour de leurs bottes comme si le système de tranchées tout entier, dans cette partie du pays, était lentement en train de sombrer. Parfois, elle créait des éboulements qui faisaient ressortir de vieilles horreurs à la lumière. Alors les morts semblaient proches ; on devait se boucher le nez. Une fois, sous une forte pluie, une main toucha la nuque de Jim. « Arrête, Clancy », avait-il protesté en se blottissant plus près de la paroi ; avant de se faire toucher à nouveau. C'était la terre derrière lui qui remuait doucement. Soudain elle s'effondra et un cadavre entier surgit de la paroi pour lui tomber dessus. Il dut alors dissimuler sa tendance à trembler, même si les autres gars tournèrent la chose en plaisanterie ; et à deux ou trois reprises après ça, alors qu'il somnolait, même en plein soleil, il sentit la même main lui effleurer le cou avec ses longs ongles recourbés, et son cuir chevelu se hérissa. Une fois encore, le mort se retournait dans son sommeil.

Oui, c'était l'eau le véritable ennemi, transpirant continuellement des parois, luisant entre les lattes des caillebotis ou tombant régulièrement sous forme de pluie. Elle faisait pourrir et sapait les étais, transformait la tranchée en une auge boueuse. Ils combattaient l'eau qui leur faisait pourrir les pieds, et la terre qui refusait de garder sa forme ou de rester immobile, détruisant chaque jour ce qu'ils venaient tout juste de réparer ; ils combattaient l'insomnie et l'abrutissant désespoir qui en résultait, et qui résultait aussi du fait d'être, pour la première fois, aussi crasseux, avec des morpions qui pullulaient dans les coutures de leurs vêtements et dont les morsures les démangeaient et s'infectaient quand on les grattait ; et les rats revêtus du même uniforme vert-de-gris que l'ennemi invisible, qui étaient aussi gros que des chats et ne reculaient devant rien, vous galopant sur la figure dans l'obscurité et sautant hors des musettes, bondissant même pour s'emparer de croûtes juste sous votre nez. Les rats étaient gras parce qu'ils se nourrissaient des cadavres, s'enfouissant dans les entrailles d'un homme ou culbutant par dizaines dans le ventre des chevaux. Ils mangeaient. Puis ils vous galopaient sur la figure dans l'obscurité. Les canons, se disait Jim, il s'y habituerait ; ainsi qu'aux balles des tireurs d'élite qui s'enfouissaient régulièrement dans la boue du parapet. Elles signifiaient que vous vous affrontiez à d'autres hommes, très semblables à vous, et enduriez les mêmes épreuves. Mais les rats étaient une autre espèce. Et pour lui, c'étaient des créatures des enfers, familières de la mort, alors que les oiseaux l'étaient de l'air et de la vie. Pour s'habituer aux rats et surmonter le profond dégoût qu'il avait d'eux, il aurait fallu qu'il retourne son propre monde à l'envers.

Toute cette première fois-là au front ressembla à une folle excursion de camping dans des conditions cauchemardesques, pas à une guerre. Il n'y eut pas de combat. Ils ne furent pas appelés une seule fois à y aller.

Mais même un ennemi invisible peut tuer.

Cela se produisit hors des lignes, lorsqu'ils retournèrent en soutien à l'arrière. Leur section de la compagnie D avait passé une longue après-midi à décharger des caisses de munitions et à ravitailler les lignes. Ils avaient retiré leurs vestes d'uniforme malgré le froid et, éparpillés en petits groupes sous un soleil faiblard, détendus, en manches de chemise, ils se préparaient pour le thé. Jim, assis à califourchon sur un tronc bombardé, beurrait de grandes tranches de pain et les tartinait rêveusement d'une épaisse couche vert mordoré de confiture de pastèque au citron. Sa préférée. Il attendait que Clancy revienne avec l'eau et, ayant levé les yeux, il venait juste de l'apercevoir, la bouilloire dans une main, deux tasses crochetées aux doigts de l'autre, qui approchait d'une démarche dansante sur ses jambes arquées, à moins de dix mètres de distance. Jim plongea son couteau dans la confiture qu'il continua rêveusement à étaler, savourant sa façon de napper le beurre, translucide, et sa promesse d'épaisse douceur vert doré.

Tout à coup, un choc lui coupa le souffle. Il fut projeté en l'air, puis rabattu violemment à terre, comme si la souche qu'il chevauchait avait rué tel un taureau furieux. Une pluie de mottes humides et de pain beurré tomba autour de lui. Il n'avait rien vu, rien entendu. Quand enfin il parvint à se redresser, emplissant de nouveau ses poumons, sa peau le brûlait et l'effet de la déflagration sur ses tympans était insupportable. On aurait dit qu'il se trouvait à l'intérieur d'un tuyau géant sur lequel quelque individu, un fou furieux, tapait à coups redoublés avec une masse. *Pfang. Pfang. Pfang.*

Le bourdonnement s'atténua progressivement et il entendit venant de loin, mais vraiment de très loin, le son d'un hurlement, et fut surpris de voir Eric Sawney, qui n'était nulle part en vue l'instant d'avant, à moins de trois mètres de lui. Eric avait la bouche ouverte et les deux jambes sectionnées, l'une juste au-dessus du genou, l'autre un peu plus haut que sa botte, qui gisait toute seule à l'écart sur la gauche. Déjà pâle en toute circonstance, Eric était maintenant de la couleur d'un papier ciré de boucher, et les hurlements que Jim entendait sortaient du trou de sa bouche.

C'est alors qu'il prit conscience du sang. Il formait une mare au milieu de laquelle il gisait. Ce devait être, songea-t-il, celui d'Eric. C'était un sang très rouge, et lorsqu'il posa les mains par terre pour se relever, très chaud et collant.

Des hurlements continuaient à sortir d'Eric et,

quand Jim parvint enfin à se remettre sur ses pieds, chancelant mais toujours entier (sa première pensée fut d'empêcher Eric de faire ce bruit ; ce fut seulement une seconde plus tard qu'il lui vint à l'esprit qu'il devait plutôt se porter au secours du garçon), il découvrit qu'il était entièrement couvert de sang – son uniforme, son visage, ses cheveux –, il en était trempé, tout ce sang ne pouvait pas être celui d'Eric ; et si c'était son sang à lui, il devait être mort, et être ainsi debout intact ne pouvait donc être qu'une illusion ou le commencement d'une autre vie. L'intégrité du corps, lui apparut-il, était une image de soi qu'un homme transportait dans sa tête. Elle pouvait fort bien persister après coup. Il n'arrivait pas, dans son état d'hébétude, à résoudre cette énigme. Si c'était la vie après la mort, pourquoi entendait-il Eric crier dans celle d'avant ? Et où était Clancy ?

La vérité le frappa alors avec une force plus énorme encore que le souffle de la *minnie*. Il voulut hurler, mais aucun son ne sortit. Son cri lui fut renfoncé droit dans les poumons par un coup de masse et il crut qu'il allait étouffer.

Clancy, dans l'explosion, avait été rayé de l'existence. C'était le sang de Clancy qui le recouvrait, et l'étrange viscosité dont il était enduit n'avait rien à voir avec sa renaissance dans une autre vie ; c'était ce qui avait été dispersé lorsque Clancy avait été retourné comme un gant.

Il tomba à genoux dans la terre et ses hurlements remontèrent sans bruit sous la forme d'un flot de vomi, et pendant qu'il vomissait il continuait de vouloir hurler, jusqu'à ce qu'enfin, après plusieurs échecs saturés de bulles, la voix lui revînt. Il était encore en train de hurler quand les autres accoururent.

Il eut honte quand fut ainsi révélé à leurs yeux qu'il était parfaitement indemne alors qu'Eric, gémissant et plus livide que la mort maintenant, avait perdu ses deux jambes.

C'est ainsi que la guerre le toucha pour la première fois. C'était un mois après leur arrivée, un samedi de février. Il ne put jamais en parler. Et jamais, dans son esprit, le nettoyage au jet ne lui rendit sa propreté. Il faisait des cauchemars et se réveillait trempé d'une humidité collante qui était bien plus que sa propre sueur.

Quelques jours plus tard, il alla voir Eric à l'hôpital. Il ne l'avait jamais considéré comme autre chose qu'un casse-pieds et il se rappelait, un peu avec regret maintenant, la façon dont Clancy et lui avaient essayé de le semer et combien Eric s'était montré persévérant. Mais Clancy, sous des dehors d'exaspération tolérante, éprouvait une réelle affection pour le gamin et Jim avait décidé qu'il lui appartenait, au nom de son ami, d'aller lui rendre visite. Il avait apporté une barre de chocolat. Eric l'accepta docilement, mais sans enthousiasme, et la cacha sous son oreiller.

Ils parlèrent de Clancy – le seul lien entre eux –,

et Jim s'efforça de ne pas regarder l'endroit sous la couverture où les pieds d'Eric auraient dû se trouver, ni son visage creusé. Eric paraissait apeuré, comme s'il redoutait ce qu'on risquait de lui faire. *Est-ce qu'on ne te l'a pas déjà fait ?* se demanda Jim. *Quoi de plus ?*

« Y a une chose que je regrette, lui dit Eric d'un ton plaintif. J'ai jamais appris à faire de la bicyclette. » Il était étendu, parfaitement immobile, une sueur pâle perlant sur sa lèvre supérieure. Puis de but en blanc il dit : « Dis, Jim, qui va s'occuper de moi ?

— Quoi ?

— Quand je vais sortir d'ici. Chez nous et tout ça. J'ai personne. Juste les gars de la compagnie et y en a pas un qu'est v'nu me voir à part toi. J'ai rien ni personne, pas même une tante. Chuis orph'lin. Qui va s'occuper de moi, là-bas ? »

La question était monstrueuse. Sa dimension dans l'espace exigu derrière le paravent, la façon dont elle rabaissait Eric et le faisait transpirer, la petitesse de la voix du gamin, comme si le simple fait d'oser la poser risquait d'attirer sur lui la colère de puissances invisibles, tout cela emplit Jim de panique. La réponse, il ne la connaissait pas plus qu'Eric, et la question le terrifiait. Confronté à sa tragédie, Eric avait mis le doigt sur quelque chose de fondamental. Cela remettait en question la structure du monde dans lequel ils vivaient et la place qu'ils y occupaient, les autorités qui avaient le pouvoir sur eux et la responsabilité que l'on pouvait s'attendre à les voir assumer. En dépit de sa mauvaise humeur enfantine, Eric n'avait jamais été aussi désarmé que son air avait pu le laisser croire. Ses jérémiades étaient une arme et il avait su en faire bon usage. Il est vrai que personne ne lui prêtait la moindre attention à moins qu'il ne cajole, n'insiste et n'agace, mais l'orphelin en lui avait appris comment obtenir ce dont il avait besoin : sinon de l'affection, du moins une mesure de considération tolérante. Ce qui le terrifiait maintenant, c'était que les gens risquent tout bonnement de se détourner et de complètement l'oublier. Sa perspective s'était jusqu'ici limitée à ceux qui se trouvaient en relation directe avec lui – la directrice de l'orphelinat, le sergent et le sergent-major, les sœurs qui dirigeaient le service de l'hôpital de campagne selon leurs propres règles ou celles de l'armée. Maintenant, il voulait savoir ce qui l'attendait au-delà.

« Qui ? » répéta-t-il. La pointe de sa langue apparut et passa très rapidement sur ses lèvres sèches.

Jim fit un geste. Un geste vague. « Oh, ils vont bien s'occuper de toi, Eric. Ils sont obligés. »

Mais Eric n'était pas convaincu, et Jim savait que sa propre panique brûlante avait envahi la pièce. Il aurait aimé que Clancy fût là. C'était le genre de question qu'il aurait su affronter ; il avait bourlingué et aurait eu le culot de demander, et Jim s'aperçut que c'était cette capacité chez Clancy qui avait constitué, pour Eric comme pour lui-même, l'attrait principal de l'homme : il connaissait ses droits, il connaissait toutes les ficelles.

« Je peux même pas me mettre debout pour pisser », lui disait maintenant Eric. Le problème, dans son esprit, c'était le nombre d'années qui risquaient de l'attendre – peut-être soixante, qui sait. Tous ces matins où il devrait se faire aider pour s'asseoir dans un fauteuil.

« Mais non, assura Jim, se faisant maintenant le porte-parole de la charité des leurs. Ils vont bien s'occuper de toi. » Il se leva, s'apprêtant à partir.

« Tu crois ?

— Bien sûr que oui. »

Eric secoua la tête. « J'sais pas. »

« Tu r'viendras, Jim ? » Une fine rangée de gouttes de sueur sur sa lèvre supérieure dessinait au garçon une moustache fantôme. « Dis, tu r'viendras ? » Sa voix résonnait d'un accent ténu et lointain.

Jim promit que oui et il était sincère, mais il savait coupablement qu'il n'en ferait rien. C'étaient les questions d'Eric qu'il serait incapable d'affronter.

Alors qu'il s'éloignait, la voix dans son dos continuait d'appeler, lésée, insistante : « Tu r'viendras, Jim ? » C'était d'abord la voix d'un enfant puis, quasiment sans changement de ton, ce fut la voix d'un vieil homme grognon, qui avait demandé peu et reçu encore moins, et passé sa vie entière à réclamer son dû.

Dehors, pour la première fois depuis qu'il était

gosse, Jim pleura, enfonçant durement ses poings dans ses yeux, tâchant de contrôler sa respiration, choqué – c'était comme si quelque force impersonnelle avait pris possession de son corps et pleurait à travers lui – par la violence de ses propres sanglots.

13

L'air, même à hauteur de genou, était mortel. Pour être en sécurité, il fallait rester à plat ventre au niveau du sol, mais le plus sûr était encore d'être sous la terre.

Hors d'haleine et encore tremblant, la tête engourdie par le bruit roulant tout autour, Jim escalada à quatre pattes le déblai du cratère et voyant, même dans l'obscurité, qu'il n'y avait aucun reflet d'eau, passa par-dessus bord et se laissa glisser à l'intérieur. Il heurta quelque chose, un autre corps, et eut un mouvement de recul. Mais dans l'éclair soudain au-dessus du cratère, il vit qu'en fin de compte, c'était seulement un mort. Il avait cessé d'avoir peur des morts.

Parvenus jusqu'ici en rampant, progressant à genoux, se tortillant à hauteur de cadavres, ils en avaient vu des dizaines laissés sans sépulture, enflés et noirs, le ventre éclaté, certains les poches retournées par les pillards, blanches dans le clair de lune. Jim avait été heureux de rester à plat ventre parmi eux tandis que l'air cognait et tremblait et que des éclairs intermittents révélaient les fourrés de barbelés au milieu desquels ils étaient tombés. L'air était supplicié. C'était comme si des haches émoussées s'abattaient de partout. Une forêt invisible, arbre après arbre, s'effondrait tout autour, on sentait la projection de souffle quand un autre géant, coupé de ses racines, restait un instant suspendu, puis lentement, mais avec une vitesse croissante, s'affalait à terre. Jim rampait parmi les morts. Parfois, l'un d'eux remuait et se tortillait en avant ; c'était le seul indice qu'il y en avait d'autres comme lui, toujours vivants et avançant. Ils étaient soixante-dix au départ. Mais l'un des officiers qui avaient conduit l'assaut avait été tué presque aussitôt et l'autre avait réussi à les perdre. Ils étaient dispersés alentour, parmi les barbelés, et avaient cessé d'être un groupe.

C'était cette sensation d'être seul ici, loin de tout, qui l'avait brisé. Ça, et un regain de feu de mitrailleuse qui avait fait gicler la terre autour de lui et soudain sursauter et rebondir un vieux cadavre. C'est alors qu'il avait décidé qu'il en avait assez. Il resta pantelant un instant, puis se laissa glisser dans le trou d'obus d'où, décida-t-il, il ne sortirait plus. Il mit ses bras autour de sa tête tandis que des secousses et des éclairs ébranlaient le ciel et qu'au son sourd de la canonnade s'entremêlaient par moments les claquements de dents des Maxim[1]. Il était hors circuit.

1. Mitrailleuses anglaises.

Il s'adossa, respirant profondément.

Mais, maintenant qu'il était de nouveau en sécurité, la vague de panique qui l'avait terrassé reflua un peu et il sut qu'il allait y retourner. Ce qu'il avait plutôt bien encaissé jusque-là, et même encore quelques minutes auparavant, il se dit qu'il pouvait l'encaisser encore. D'ailleurs, il était dangereux de rester ici et d'être oublié. Il roula sur le ventre, en position de départ, empoigna son fusil. Il était sur le point d'écarter les genoux, de prendre son élan pour s'extirper du cratère et retrouver le champ de bataille vivant et résonnant, quand son talon fut saisi par une main de fer derrière lui. Il lâcha un hurlement, donna des coups de pied et chercha à se retourner, mais une autre main saisit sa vareuse. Il fut tiré en arrière. Son agresseur et lui roulèrent ensemble vers le fond boueux du trou. Avec des protestations enrouées, boxant sauvagement dans l'obscurité, il commença à se battre.

Il y avait quelque chose de surnaturel, cauchemardesque, à devoir ainsi se battre pour sauver sa vie dans un trou d'obus loin de la bataille, et avec un agresseur inconnu. Ils s'étreignaient férocement, brutalement, grognant des paroles étranges, cherchant à se remettre suffisamment d'aplomb pour prendre l'avantage et imprimer quelque force à leurs coups. La lutte se prolongea dans l'obscurité jusqu'à ce que tous deux soient sonnés et exténués. Soudain, dans un éclair de lumière, Jim vit qui c'était.

« Wizzer ! se surprit-il à crier, alors que la main de l'homme continuait à lui serrer la gorge. C'est moi, bougre de cinglé. Jim. Un ami ! » Wizzer parut stupéfait. Retombant en arrière, il jeta Jim contre la paroi du trou et Jim resta couché là, haletant, les talons enfoncés dans la terre, à observer Wizzer passer une main en sueur sur son visage pour en ôter la boue. C'était Wizzer, ça oui, pas de doute. Au-dessus de leurs têtes, le ciel s'ouvrit. Une craquelure livide apparut dans la continuité des choses, une ligne de lumière en dents de scie à travers laquelle un nouveau paysage aurait pu être visible. La fissure se dupliqua sous forme de son. Cette fois, ce fut la tête de Jim qui s'ouvrit, et à l'intérieur, le paysage au loin était d'une obscurité impénétrable.

« Qu'est-ce que tu fais ici ? » demanda Jim entre deux respirations lorsque tous deux eurent récupéré de l'empoignade.

Wizzer avait un air sournois.

« Et toi ? »

Jim ne sut comment répondre à ça.

« Ben, j'ai glissé, quoi », dit-il.

Le visage de Wizzer se fendit d'un sourire moqueur et Jim se rappela avec honte qu'à peine quelques instants auparavant, il était tapi au fond du trou, la tête entre les bras comme un enfant effrayé.

« Tu m'as tiré en arrière, accusa-t-il, tout à coup indigné et incompris.

— Ah ouais ?

— Écoute, Wizzer, reprit Jim, faut qu'on sorte d'ici, qu'on retrouve le reste du peloton.

— Pas moi », dit Wizzer, aussitôt en alerte. Rien de plus, mais Jim vit qu'il ne plaisantait pas, n'en était nullement honteux et présumait même, par son propre aveu de lâcheté, que tous les deux faisaient la paire. Jim commençait à être alarmé. Il chercha à repérer son fusil dans l'obscurité. Il avait cessé d'entendre le bruit au-dessus de leurs têtes. Il y avait tant de façons d'être effrayé ; on ne pouvait les éprouver toutes en même temps.

« Écoute, Wizzer, dit-il doucement, comme s'il s'adressait à un enfant. C'est grave. On est en plein no man's land, ici. Quoi qu'il arrive, c'est pour nous. On est livrés à nous-mêmes. »

Ses doigts atteignirent le fusil et il regarda le point où commençait le ciel, se demandant s'il pourrait le rejoindre en décollant avant que Wizzer ne lui tombe à nouveau dessus. Il ne désirait rien tant maintenant que d'être de retour à l'endroit où il se trouvait dix minutes avant, dans le feu de l'action. Abruti par la peur, mais pas encore avili.

Soudain, de façon alarmante, Wizzer se mit à trembler. D'abord les épaules, puis la mâchoire. Un son étrange, comme une plainte, s'échappa d'entre ses dents serrées, et Jim voyait le blanc de ses yeux dans son visage strié de boue. L'homme s'était recroquevillé en boule et se balançait d'avant en arrière, les poings serrés contre sa poitrine. Son corps tout entier semblait secoué par des mains invisibles.

À cet instant, Jim aurait pu s'enfuir sans difficulté, mais quelque chose le retint. Il éprouvait la tentation terrible de se joindre à Wizzer pour produire ce son, l'ajouter à la stridence, au craquement et au choc sourd de la canonnade par-delà le bord de la fosse ; ce serait tellement libérateur. Mais une sorte de honte – pour Wizzer, mais aussi pour lui-même – l'en empêcha et lui rendit également impossible toute tentative de fuite.

« Voilà qui est terrible », dit-il à personne en particulier, se tenant debout maintenant, enfoncé jusqu'aux genoux dans la boue qu'ils avaient remuée. Il ne savait pas quoi faire. Wizzer n'émettait plus que des sanglots étouffés. L'autre l'avait relâché.

« Écoute, Wizzer, dit-il, j'y vais maintenant. D'accord, camarade ? Si tu veux venir avec moi, on peut y aller ensemble. Mais c'est OK si tu veux pas. » Il recula jusqu'à la paroi du cratère et enfonça les talons, prêt à l'escalader. « OK, Wizzer ? OK ? »

Jim se sentait désespérément malheureux. Il voulait vraiment que Wizzer vienne ; c'était le seul moyen d'effacer tout ça, de recommencer de zéro. Il gardait un œil sur l'homme, qui se tenait à nouveau immobile, la tête dressée tel un animal et observant la scène intensément, comme si Jim était en train de faire quelque chose d'incompréhensiblement étrange. Jim se hissa vers le bord de la fosse. « Je voudrais bien, Wizzer, dit-il, je voudrais bien que tu viennes. » Mais l'autre secoua la tête. Avec un dernier regard en arrière, Jim roula sur lui-même, sortit du trou et fut immédiatement de retour sur le champ de bataille, dans cet hallucinant paysage tel qu'on le voyait à plat ventre, de barbelés enchevêtrés, d'arbres broyés, les genoux des cadavres, et d'autres silhouettes, vivantes, certaines toutes proches, émergeant comme lui de trous peu profonds. Il était de retour.

Plié en deux, il commença à avancer. C'était comme progresser au milieu d'un essaim d'abeilles. L'air fourmillait de corps fougueux et brûlants qui plongeaient comme des lames et frôlaient ses oreilles en sifflant.

« C'est toi, Jim ? »

C'était Bobby Cleese. Jamais de sa vie il n'avait été aussi heureux de voir quelqu'un.

Il crapahuta jusqu'à lui et ils avancèrent ensemble, puis, des étoiles ardentes pilonnant à nouveau la terre, ils dégringolèrent avec d'autres, surgis comme eux de nulle part, dans un fossé rempli d'eau. De là, Jim put voir davantage des leurs plus loin sur la droite.

Donc il n'était pas perdu, en fin de compte. Il avait retrouvé sa compagnie et s'il n'y avait pas eu Wizzer, il aurait pu assimiler son temps passé en dehors de tout ça à un rêve, à la crainte de ce qu'il risquait de faire plutôt que de ce qu'il avait fait. Mais le visage de Wizzer, et la prise de Wizzer sur lui quand ils s'étaient battus dans la boue, étaient trop réels, et trop humiliants dans son souvenir, pour être niés.

« La peur m'a rendu fou, là-bas », chuchota-t-il contre l'épaule de Bob Cleese. Il avait besoin de soulager sa conscience maintenant pour aller de l'avant.

« *Toi*, t'as eu peur ? » dit Bob, et tous deux rigolèrent. Jim se sentit renaître, délivré, propre et intact, entre ses propres mains – qu'est-ce que ça pouvait faire s'il se faisait tuer ? – et se découvrit dans le cœur une grande chaleur pour ce gars, Bob Cleese, qu'il connaissait à peine jusque-là. Là-bas en Australie, il était apiculteur. C'était tout ce que Jim savait de lui. Un gars de Buderim, mince, discret, et il lui vint à l'esprit, alors qu'ils étaient allongés là, qu'ils pourraient rudement bien s'entendre tous les deux s'il se trouvait un temps pour parler après ça. Tout arrivait si vite ici. Les hommes se présentaient abruptement sous les traits d'amis ou d'ennemis, et avant qu'on ne comprenne ce qui était arrivé, ils avaient disparu. Wizzer ! Ça faisait tout drôle de se rappeler qu'à peine un an plus tôt, il était en train d'attendre, dans ce qui lui apparaissait maintenant comme un état d'hypnose, que la vie se déclare à lui et lui signifie ses exigences.

Entre-temps, l'un des autres dans le fossé s'était révélé être un officier. Jim pensait n'avoir jamais vu ce garçon auparavant, mais il devait se tromper ; un effet de la lumière. C'était un de ces gars qui étaient toujours propres. Même ici dans la boue, il paraissait parfaitement peigné et astiqué. Sa face ronde brillait.

« Écoutez-moi, messieurs », chuchota-t-il, le menton levé. Il semblait empli de noblesse enfantine, jouant son rôle d'officier subalterne tel qu'il l'avait appris en lisant les récits du magazine *Chums*[1]. Il était très convaincant. « Nous avançons, d'accord ? »

Il y a erreur, songea Jim, dont la propre jeunesse gisait si loin derrière lui à présent qu'il se la rappelait à peine. *Ce garçon ne peut pas avoir plus de douze ans !* Mais quand la voix dit : « En avant, messieurs, maintenant ! », il s'élança hors du fossé et suivit.

Le garçon fut touché aussitôt, un coup au ventre asséné par un poing invisible, et propulsé brusquement en arrière. Il parut surpris. « Injuste ! » protestèrent ses yeux bleus. « Je n'étais pas prêt. Injuste ! » Il se détourna à regret mais Jim n'eut pas le loisir de le voir tomber. Déjà il s'était jeté dans un autre trou peu profond et se trouvait, cette fois, avec deux hommes tout à fait différents. Bob Cleese était quelque part en avant, ou peut-être derrière.

Est-ce que ça va être comme ça, se demanda-t-il, *d'ici jusqu'à Berlin ?*

Ce fut plus tard, après une autre brève charge

1. Littéralement : « Copains ». Titre d'un journal australien d'avant-guerre proposant aux jeunes garçons des récits militaires et d'aventures.

en avant, que Bobby Cleese et lui se trouvèrent ensemble dans le même trou d'obus où ils restèrent coincés toute la nuit et encore tout le lendemain, à moins de six mètres des lignes allemandes. Donc ils eurent le temps, en fin de compte, et cette nuit-là et tout le lendemain ils purent entendre les Allemands piétiner sur les caillebotis, gratter des allumettes pour allumer leurs pipes, divaguer dans leur sommeil et, derrière eux dans le no man's land, leurs propres blessés gémir ou appeler à l'aide. Pour couvrir ces bruits et garder le moral, Bob Cleese avait raconté les parties de pêche à Deception Bay d'une voix calme, basse, qui avait fait taire en Jim un essaim de terreurs confuses, les endormant sous un voile de fumée.

Tandis que la journée s'étirait en longueur, il aurait pu sembler qu'ils ne ressortiraient jamais. Mais ils l'oublièrent à mesure que leurs membres se dégelaient enfin à la lumière jaune du soleil. La fumée des feux de cuisine s'élevait en serpentant. Ça sentait le lard. Et ils pouvaient entendre les hommes vaquer aux tâches paisibles de la journée. Des oiseaux parurent et Jim les identifia timidement. Dans l'après-midi, ils dormirent. Une fois écartée l'idée du danger dans lequel ils se trouvaient, et la possibilité, avec le retour de la nuit, d'une mort soudaine, ce fut presque idyllique, cette longue après-midi au soleil et leur conversation murmurée.

Cette fois-là, ils regagnèrent leurs lignes. Ce fut

plus tard, beaucoup plus tard, en juin, que Bobby Cleese mourut. Mais à ce moment-là, plus d'un tiers du bataillon avait disparu et été remplacé. Jim était un vétéran. Il avait combattu sur toutes les sections du front autour d'Armentières : à Houplines sur le saillant de l'Épinette, à Ploegsteert, au Bizet. Il avait participé à une grande offensive.

C'est à Pont-de-Nieppe, alors qu'ils attendaient l'ordre de monter à l'assaut, que Bobby Cleese fut tué. Les Allemands avaient lancé sur leurs cantonnements des obus remplis de gaz, d'abord lacrymogènes, puis du phosgène. Dans la confusion la plus totale, ils avaient dû abandonner la ville et dormir dans les champs. Bob Cleese avait absorbé une dose létale mais ce ne fut que deux jours plus tard qu'il mourut.

À ce moment-là, dans l'obscurité, la compagnie de Jim avait été conduite à travers un dédale de tranchées jusqu'à leur ancienne position de Bunhill Row, et c'était de là, juste avant l'aube, qu'il avait vu les mines exploser. Soudain la terre entière trembla sous leurs pieds comme s'ils marchaient au-dessus d'un train express lancé à grande vitesse. Il y eut un rugissement puissant. Une nuée sans aucun rapport avec le bruit commença à s'élever lentement à l'ouest. Elle s'épanouit au-dessus de l'horizon telle une rose faite de lumineuse poussière rose et jaune et monta, monta jusqu'à ce que le ciel dans cette direction en fût entièrement obstrué. Elle vira au gris et son odeur, à mesure qu'elle se dissipait, était celle de la chair carbonisée. Quand la fumée se dispersa enfin, le paysage était de tous côtés la proie des flammes. Tout un flanc de colline, là-bas vers Hollebeke, au-delà de ce qui restait du bois de Ploegsteert, était éventré et embrasé, comme si on venait d'ouvrir la porte d'un haut-fourneau et que l'horizon tout autour était illuminé par son reflet. Ça ressemblait à la bouche de l'enfer. Ils s'étaient dressés au signal pour se déverser à l'intérieur.

Deux jours plus tard, lorsqu'ils se retirèrent à nouveau des lignes de front, Jim obtint la permission d'aller trouver Bob à l'hôpital.

C'était une belle et chaude journée et, à la suite de ce qui s'apparentait à une victoire, il régnait une atmosphère de vacances. Des hommes las s'en revenaient des lignes de front et beaucoup parmi eux étaient blessés ; d'autres, plus cruellement mutilés, circulaient dans des chariots fermés et l'on pouvait entendre leurs geignements ; mais ils s'éloignaient de la zone des combats et allaient vers un air plus pur et des îlots de verdure, et ça faisait toute la différence. Le grand linceul de fumée jaune qui pesait sur les lignes de front était loin derrière eux et le ciel au-devant était bleu. Jim tout particulièrement se sentait le pied léger et détendu, et il était heureux de s'éloigner seul à grandes enjambées avec un laissez-passer de douze heures en poche et la perspective de voir son ami. D'abord, il marcha au cœur d'une formidable cohorte d'hommes, puis accepta l'offre de monter à l'arrière d'un camion, puis plus loin continua un moment perché sur l'un des canons. Il rencontra un type blond édenté qui chercha à lui vendre un rasoir de sûreté. Un autre soldat, barbu, très sale et sans signe distinctif sur son uniforme, qui semblait être un bric-à-brac prélevé sur les défroques d'autres hommes, avait disposé sur une bâche une pile d'objets qu'il vantait d'une voix haut perchée et chantante tel un bonimenteur de foire. Il y avait là une grenade Mills, un casque prussien percé d'un impact de balle, deux montres - dont l'une à bracelet de métal -, un foulard bleu, un revolver, une lampe torche et un œil de verre très réaliste. Jim ne désirait aucune de ces choses, ni les plombages en or que l'homme lui présenta dans sa paume sale, mais il les examina tout comme les autres, et s'émerveilla de ce que cet homme ait du temps à consacrer à tant d'industrie privée. Il accepta à nouveau de monter dans une ambulance de campagne et disputa une rapide partie de blackjack avec deux brancardiers, qui perdirent chacun un shilling. C'est en descendant de l'ambulance, juste aux abords de l'hôpital, qu'il aperçut la foule et, s'en approchant, puis jouant des coudes au travers, se trouva confronté à quelque chose de merveilleux.

Les sapeurs du génie qui avaient miné la Colline 60 à peine quelques jours plus tôt avaient découvert le fossile d'un animal préhistorique, un mammouth, ainsi que les silex utilisés soit pour le tuer, soit pour le dépecer. Avec grande précaution, dans l'urgence de terminer le creusement des galeries avant que les Allemands n'aient terminé les leurs (car les deux équipes de sapeurs n'avaient cessé depuis plusieurs semaines de creuser sur le passage l'une de l'autre), le fossile avait été mis au jour et dégagé, et maintenant, la bataille tout juste conclue et le décompte des morts toujours en cours (cinquante mille, disait-on, rien que du côté allemand), il attendait d'être transporté à l'arrière et examiné par des experts.

C'était une merveille, et Jim la contempla avec les autres. Un mammouth, vieux de plusieurs milliers d'années. Mort depuis des milliers d'années. Il remontait au commencement, et il était ici, parmi les morts récents, ce géant tombé à genoux il y avait si longtemps, avec disposés à côté de lui les petits silex pointus, qui eux aussi étaient un commencement. Les observer réduisait le temps à l'insignifiance. Jim leva les yeux vers les visages – attentifs, perplexes, désœuvrés et indifférents – des autres hommes qui avaient été attirés jusqu'ici, mais ils ne semblaient pas davantage capables de comprendre cette chose. Certains d'entre eux étaient venus directement du front. Se détournant un instant, ils regardaient l'animal avec des yeux chassieux comme s'il était l'un des leurs : encore des os. D'autres, qui pouvaient considérer les choses avec la distance conférée par un uniforme neuf et l'absence temporaire de vermine, le voyaient peut-être comme il était destiné à être vu, preuve que même ici, parmi les horreurs de la bataille, un esprit de recherche scientifique pouvait subsister, dont l'intérêt primait sur les circonstances particulières de la guerre, parlant au nom d'une civilisation qui les contenait tous, Allemands et Britanniques confondus, et à laquelle ils retourneraient à la fin du combat.

À l'hôpital, sous une tente de campagne où l'on tenait les mourants à l'écart, Bob Cleese était réduit à la dernière extrémité, fiévreux au-delà de tout espoir. Jim l'observa avec horreur et eut honte de devoir en éprouver du dégoût. Sous les bons yeux de Bob, là où avaient grouillé les pêche-madame, se collectaient les pintes du liquide jaune qui remontait de ses poumons – quatre par heure depuis les dernières vingt-quatre heures. Jim, pétrifié, ne pouvait croire ce qu'il voyait. Jaune, épaisse, nauséabonde, la substance remontait et s'écoulait, s'écoulait, pendant que Bob, les yeux exorbités, s'étouffait et gémissait. Enfin une infirmière arriva et, doucement d'abord, puis sans ménagement, poussa Jim dehors. La tente entière était emplie de cas semblables. Le bruit et l'odeur étaient terribles. Seuls les morts étaient calmes, couchés raides et jaunes sur leurs civières. Dehors enfin, Jim tituba sous le soleil et ouvrit grand la bouche pour respirer. Il se mit à marcher pour retourner au front, sous l'immense linceul jaune qui dans tout ce quartier était suspendu bas au-dessus de la terre.

Cette nuit-là ils remontèrent au front et, durant cinq jours et cinq nuits, ils s'enterrèrent et se défendirent des contre-attaques, furent bombardés et mitraillés par des avions, vécurent dans la puanteur des cadavres allemands. Deux semaines plus tard, ils y remontaient encore. Pour dix-huit jours. Ils étaient à demi fous cette fois-là et, un jour que Jim creusait furieusement pendant que le ciel craquait et s'embrasait, tandis que des hommes tout autour étaient hachés par des éclats d'obus ou décollaient de terre et restaient suspendus en l'air un instant, leur outil de fortification flottant haut au-dessus d'eux, Jim sentit sa pelle racler de l'os et fendre un crâne de part en part. Il entendit des dents crisser contre le métal et ses propres dents grincèrent dans sa tête. Mais il continua quand même à creuser et le cadavre, qui se tenait recroquevillé genoux au menton et poings sur les joues, fut rapidement dégagé et rejeté de côté.

Il avait commencé à se sentir incommensurablement vieux. Quasiment tous ceux de la compagnie qu'il avait bien connus avaient maintenant disparu et été remplacés deux fois. Les nouvelles recrues arrivaient vêtues d'uniformes neufs, très jolis, très frais, très propres, et ils ressemblaient à de petits soldats de plomb, absolument irréels, jusqu'à ce qu'eux aussi aient pris la couleur de la terre ou sombré en dessous. C'était comme vivre au travers de générations entières. Même les noms qu'ils avaient donnés aux positions qu'ils avaient tenues un mois auparavant avaient été modifiés le temps qu'ils y reviennent, comme eux-mêmes avaient modifié certains noms et en avaient hérité d'autres des hommes passés avant. En succession rapide, génération après génération, ils survolaient le paysage. Un lieu où ne subsistait pas une bûche de ce qui, des mois ou des siècles en arrière, avait pu être un bois densément peuplé avait été nommé Marwood Copse[1]. Et quand ils entrèrent dans les lignes au-dessus de Ploegsteert et y trouvèrent les diverses tranchées nommées Piccadilly, Hyde Park Corner ou encore le Strand, ce fut pour Jim, qui n'avait jamais vu Londres, comme si ce dédale de fossés boueux était tout ce qui restait d'une immense ville. Le temps, même dans la dimension de sa propre vie, avait perdu toute signification pour lui.

1. Les taillis de Marwood.

14

Monter au front maintenant était un cauchemar. L'été touchait à sa fin et les routes, dans la chaleur torride, étaient des fleuves de poussière résonnant du piétinement sur les planches, du fracas des affûts de canon et des camions, du tintement des chaînes, du hennissement des chevaux, une terrible clameur ; et quand la pluie se mit à tomber, et continua de tomber comme elle le fit pendant des jours d'affilée, elle les changea en un océan de boue dans lequel tout menaçait de sombrer sans laisser de trace et qui empestait ce qu'il avait déjà avalé : des cadavres, les carcasses gonflées de mulets, de chevaux, d'hommes.

De nouveau tassé dans un wagon à bestiaux, durement pressé contre la paroi dans l'odeur de ce que désormais il comprenait, Jim eut une vision terrible. Ça continuerait pour l'éternité. La guerre, ou quelque chose de semblable portant un nom différent, continuerait de s'étendre à partir d'ici jusqu'à ce que la terre entière soit impliquée ; la machine immense et meurtrière qui était en fonctionnement à l'avant exigerait de plus en plus d'hommes et de plus en plus de sang pour la faire tourner ; on ne la contrôlait plus. Les wagons à bestiaux continueraient tout droit à travers le siècle et quand il n'y aurait plus de jeunes hommes pour les remplir, on les remplirait avec les vieillards, et avec des femmes et des enfants. Ils étaient tombés, lui et ses contemporains, dans une poche obscure du temps d'où il était impossible de s'échapper.

Jim comprenait qu'il avait vécu, jusqu'à son arrivée ici, dans un état de dangereuse innocence. Le monde, quand on le regardait par les deux bouts, était tout différent d'un rêve au ralenti, sans modification de climat ni de couleur et avec du temps et de l'espace pour tous. Il avait été aveugle.

Non que la violence ait été absente de ce qu'il avait connu chez lui ; mais il l'avait crue extraordinaire. Quand il avait quinze ans, son jeune frère, assis sur le garde-boue de la moissonneuse que Jim conduisait, chantant de sa voix enfantine par-dessus les épis de blé *I'm the king of the castle, you're the dirty rascal*[1], avait brusquement perdu l'équilibre et basculé en arrière parmi les lames. Jim avait couru sur presque un kilomètre à travers la saignée qu'il venait de faucher dans le blé encore debout, avec dans sa tête l'image de l'en-

1. « Je suis le roi du château, tu es le sale vaurien » (comptine traditionnelle).

fant pris là parmi les tiges broyées et les épis de blé ensanglantés, et, arrivé à la porte des McLaren, il avait été incapable, tant elle l'étouffait, de traduire l'image en mots. Il n'existait pas de mots pour ça, ni alors ni jamais, et ceux qui vinrent ne disaient rien du son qu'avait produit le métal en heurtant le crâne de l'enfant, ni de la choquante blancheur de l'os mis à nu, et ne correspondraient jamais dans aucune langue au glapissement inhumain – il avait pensé que c'était un oiseau nouveau et inconnu qui entrait dans le champ – du premier hurlement de l'enfant. Il avait baissé d'intensité, ce son, pour devenir une composante du non-dit qu'il y avait entre eux à chaque repas aussi longtemps que sa mère vécut et que perdura la vague notion d'être une famille. Jim n'avait jamais été capable de lui en parler et elle était morte en regardant derrière lui en direction du visage du plus jeune frère ; et, là encore, ils ne s'étaient pas parlé.

Il y avait eu ça. Et il y avait eu un faucon crécerelle qu'il avait trouvé un jour avec une boîte de conserve attachée à la patte, une boîte à sardines ouverte avec le couvercle encore enroulé autour de la clé. Il avait pleuré de rage et de douleur face à tant de cruauté, une cruauté vicieuse et insensée. Il avait eu les mains lacérées par l'oiseau, qui ne savait distinguer la bonté d'une cruauté plus grande encore, et après coup, quand le faucon s'était envolé, il était resté assis avec ses mains ensanglantées entre les genoux et il avait pensé à son frère. *Voilà*, avait dit quelque chose en lui. *Voilà !* Mais il avait seulement libéré une petite vie, et le faucon, toujours alourdi par le poids de la boîte à sardines alors que l'obscène objet rouillé gisait dans la poussière où Jim l'avait balancé d'un coup de pied, avait été trop affaibli par la faim pour faire beaucoup plus que vaciller dans l'herbe et n'avait que faiblement recouvré son équilibre une fois dans les airs.

Voilà comment c'était. Même en plein soleil. Même là-bas.

Qu'est-ce qui peut tenir, se demanda-t-il, qu'est-ce qui pourra jamais tenir face à ça ? Un flanc de colline labouré avec ses mottes de terre luisantes après le passage du soc ? Un œil affûté pour saisir la différence, infime mais réelle, entre deux espèces de roitelets, laquelle rendait compte d'une histoire entière de vies divergentes ? Valait-il la peine de se le rappeler au milieu de tout ça ? Non, il ne le pensait plus. Rien ne comptait. Le pouvoir de désintégration de cette cruauté de forme métallique lorsqu'elle se précipitait sur vous, vous soulevait dans les airs, vous rabattait au sol comme un sac de grain, vous dispersait telle une pluie sanglante ou vous ouvrait à sa propre infinie noirceur – rien ne tenait face à ça. Ça réduisait tout à néant. C'était *tout*.

La dernière fois qu'il était venu ici, il y avait des paysans dans les champs. À présent, la zone derrière les lignes était entièrement dévastée. La terre y était un vaste étal de chiffonnier, jonchée des restes épars des deux camps : des éclats d'obus et des obus entiers de toute taille, dangereusement intacts, de vieux sacs de sable piétinés et enfoncés dans la boue, une boucle avec sa longueur de sangle, le fer d'un outil de fortification, des photographies écornées, des cartes à jouer, des paquets de cigarettes, des pages de romans à quatre sous et de dépliants imprimés en anglais, allemand, français, des débris de papier d'emballage, des fourchettes et des cuillères tordues, des lambeaux d'étoffe dépareillés qui auraient pu être vert-de-gris, bleu horizon ou kaki – il n'était plus possible de les distinguer ; des bidons fracassés, des timbales cabossées, et partout des fragments d'humanité adhérant encore au bois, au métal, au tissu, ou flottant dans l'écume verte des trous d'obus, ou vomis de la gueule des rats. Ils se frayèrent un chemin à travers tout ça. Une fois encore, ils creusèrent.

Un jour que sa compagnie était de retour en soutien, on l'envoya avec une douzaine d'autres chercher du bois pour le feu dans les décombres d'une forêt rasée. Toutes les feuilles avaient été broyées et les arbres se dressaient nus, leurs troncs sectionnés comme du bois à faire les allumettes, leurs branches déchiquetées, fendues ou cassées net et pendantes. Ils furent stupéfaits, en entrant dans une clairière en son centre, de découvrir un vieil homme en pantalon ample et bretelles occupé à creuser.

Une tombe, sans doute, songea Jim. Quand

l'homme plongea une dernière fois sa bêche dans la terre avant de l'abandonner là, elle prit l'aspect de quelque étrange croix non consacrée.

Mais ce n'était pas une tombe. Le morceau de terre retournée était plus grand qu'un corps ne l'exigeait.

Le vieillard, sans relever leur présence, s'était saisi d'une houe et préparait des rangs dans la terre. C'était l'époque des semailles d'hiver, comme tout cultivateur parmi eux le savait, mais ils virent aussitôt, à ce qu'il était en train de faire – et c'était bien là une mesure de l'étrangeté ici de toutes choses, de l'inversion de toute normalité –, que l'homme était fou. L'un des gars le héla mais il ne leva pas les yeux.

Ils firent le tour de la forêt, glanant du petit bois brisé, et Jim qui s'était redressé, chargé d'une grande brassée, pour observer l'homme un moment, songea à Miss Harcourt pour la première fois depuis des jours. Il y avait quelque chose dans les gestes du vieil homme, comme il se penchait et enfonçait ses pouces dans la terre, quelque chose dans son refus d'accepter le caractère limitatif des circonstances, qui la lui rappelait vigoureusement et qui, l'espace d'un instant, lui remonta le moral. De sorte que plus tard, par un autre renversement, chaque fois qu'il pensait à Miss Harcourt, il se souvenait de cet homme, courbé, pressant dans la terre ce qui à présent pouvait être une récolte de haricots verts, de betteraves ou de navets ; mais lui et ses camarades n'y étaient jamais retournés – Jim ne savait même pas où c'était puisqu'ils n'avaient jamais vu de carte –, et il n'eut pas l'occasion d'examiner ce que le vieil homme avait planté ni de voir s'il en restait quelque chose.

Peu de temps après, néanmoins, afin de se raccrocher à lui-même et à l'ancienne vie qu'il avait été à deux doigts de perdre, il se remit à ses notes. Même ici, au plus fort des combats, il y avait des oiseaux. La nécessité de consigner leur présence s'imposa à lui comme une espèce de devoir.

Samedi : un torcol, avec son drôle de vol, en vagues montantes et descendantes, sa queue rayée bien visible.

Mercredi : des alouettes, chantant haut dans les airs et se laissant tomber en spirale, pas du tout effrayées par le bruit de la fusillade. Des alouettes des champs. Elles sont si sociables qu'au sol, on peut s'en approcher vraiment très près et distinguer leur crête hérissée. Je m'entraîne à percevoir le son différent de leurs trajectoires de vol : les alouettes des champs qui volent presque à la verticale et dégringolent en spirale, et les alouettes lulu qui décrivent des boucles comme Bert dans son avion. Leurs chants se ressemblent mais diffèrent à cause de la trajectoire.

Vendredi : une bergeronnette printanière. Est-ce possible ? Comme celle que nous avons vue une fois à Burleigh et que Miss Harcourt avait photographiée. J'aimerais bien avoir la photo pour comparer. Son chant, je me le rappelle très bien. *Tsip, tsip*. Même sourcil jaune au-dessus de l'œil. Ou bien ai-je oublié ?

C'était octobre déjà. Une nuit où il ne dormait pas, dans le vieux cimetière où on leur avait fait installer le bivouac, juste à la sortie d'Ypres, il vit de grands vols d'oiseaux en route vers le sud, découpés contre la lune. Des oies cendrées. Il entendit leurs cris, là-haut, très haut, tandis qu'elles progressaient rapidement en nettes formations triangulaires sur leur trajectoire ancestrale. Quand il s'endormit, elles passaient encore, et lorsqu'il se réveilla, les premières pluies d'automne étaient là. Le sol, avec ses pierres tombales renversées, était tout détrempé et les hommes, couchés parmi elles ou déjà debout et se préparant à lever le camp, étaient couverts de l'épaisse boue des Flandres qui s'étendait maintenant à perte de vue et emplissait entièrement le paysage.

15

Ayant déposé leurs fusils en piles nettes et ôté leurs paquetages, les hommes se reposaient sur le bas-côté de la route, ou s'étaient éloignés en chancelant vers les drapeaux jaunes signalant les latrines fraîchement creusées.

Tout était si ordonné et suivait si scrupuleusement ce qui était énoncé dans le manuel qu'il était difficile de croire, tant qu'on n'avait pas vu les visages las et torturés des hommes, ni observé la souffrance avec laquelle ils s'abaissaient vers la terre, qu'ils avaient déjà marché vingt kilomètres ce matin et atteint la limite de leur endurance ; difficile aussi de croire, tant qu'on n'avait pas remarqué le terrible trafic circulant en sens inverse – survivants somnambules de la bataille, blessés ambulants, hommes affreusement mutilés et sanglants, en camions, chariots, charrettes à bras –, qu'une bataille faisait rage à l'avant et que ces hommes s'acheminaient vers elle avec toute la célérité possible ; c'est-à-dire la vitesse réglementaire de cinq kilomètres à l'heure, avec dix minutes de repos toutes les cinquante minutes de marche, qui était indiquée pour l'exercice dans le manuel de l'armée. Ashley Crowther savait ces choses-là parce qu'il était officier et qu'il était de son devoir de les connaître. Il observait, et il était impressionné. D'abord par le pouvoir des hommes à endurer, ensuite par la profonde et terrible sagesse de l'armée sur ces questions : la logistique de la bataille et le point de rupture précis des hommes.

Le trafic défilait en une longue nuée. Les freins crissaient, les chaînes d'attelage claquaient, les hommes dans les charrettes de la mort gémissaient ou criaient chaque fois que les roues rigides cognaient les ornières. Les officiers lançaient des ordres. Ses propres hommes étaient simplement étendus, dispersés dans l'herbe poussiéreuse sur le bas-côté de la route : à plat ventre, affalés sur le dos, morts de fatigue. Pas très loin d'être morts tout court.

Un peu plus tôt, ils avaient dépassé les ruines d'un village et il avait eu la surprise de constater qu'il restait encore des paysans dans les environs. Il avait vu un garçon de neuf ou dix ans, très pâle et les mains rouges, occupé à traire une vache, sa tête appuyée contre les flancs creusés de l'animal tandis qu'il tirait, tirait encore. Ashley s'était retourné pour regarder la scène par-dessus son épaule, mais le garçon, qui était habitué à ce défilé, tout comme l'était la vache, n'avait pas levé les yeux.

Plus tard, à l'orée d'un autre hameau en ruine, il avait vu un homme occupé à réparer une houe. Il avait taillé un nouveau manche auquel il donnait soigneusement forme à l'aide d'un couteau, courbé sur sa simple tâche et complètement absorbé, comme si la route devant lui était vide et le ciel au-dessus de sa tête vide également et non point épaissi de la fumée du tonnerre des bombes ou subitement animé d'ailes dangereuses. Cet homme croyait-il que la prochaine bataille serait la fin et qu'il pourrait bientôt avoir besoin de sa houe ?

C'était à leur dernière halte ; et Ashley, alors qu'il était allongé et fumait, avait regardé l'homme ajuster et vérifier le manche, en éliminer encore de fins copeaux et promener son gros pouce sur le grain. Il s'y appliquait toujours, quelques minutes plus tard, lorsqu'ils repartirent.

Il existait de multiples mondes. Ils étaient tous continus, liés les uns aux autres, et vivaient simultanément : le monde de cet homme, absorbé par sa tâche ancestrale sur la houe ; son monde à lui, Ashley, bien décidé à mener ces hommes sur un champ de bataille ; leurs mondes, à chacun d'entre eux, qu'il pouvait seulement deviner.

Ils se reposaient maintenant, livrés aussi profondément et aussi rapidement que possible au sommeil. Encore trois minutes et ils en émergeraient lourdement pour reprendre leur place sur la route. Et au matin…

À quelques kilomètres de là, dans des nids en

béton, les mitrailleuses, déjà installées, attendaient. Les machines à coudre de la mort étaient en train de piquer leurs linceuls.

Il était profondément las de tout ça. Une fois ou deux au cours de ses années à Cambridge, il avait passé un week-end de chasse chez Gem Oliver dans le Shropshire. Ils s'étaient assis dans des bunkers au fond des bois tandis que les rabatteurs ramenaient vers eux le petit gibier, et ils avaient tiré, et tiré encore, regardant les bêtes sursauter et décrire des sauts périlleux en l'air ou rouler sur le sol en tressaillant. C'était pareil ici. Ces hommes, qui avaient peine à croire qu'ils puissent enfin marcher debout, et en plein jour, en un lieu où ils avaient toujours rampé à plat ventre la nuit, s'avanceraient en lignes irrégulières vers les fusils-mitrailleurs et, dans un rêve crépitant et vacillant, alors que les balles fouetteraient l'air tout autour d'eux ou suivant leur trajectoire propre, passeraient par magie au travers, ils tomberaient par vagues sous les lames sifflantes, au bout de quelques secondes pour certains, quelques minutes pour d'autres, et resteraient étendus au hasard, comme ils l'étaient à présent dans le calme relatif de l'herbe.

Ashley donna un coup de sifflet. Lentement, comme dans un rêve, les hommes se levèrent et gagnèrent la route en trébuchant.

Il fut surpris comme toujours, en les voyant se mettre au garde-à-vous, de découvrir qu'ils recelaient en eux – ces paisibles cultivateurs, éleveurs, employés, plombiers, pâtissiers, marchands de glaces, vendeurs, et ceux qui n'avaient jamais rien fait d'autre que traîner dans des salles de billard, donner des tuyaux sur les champs de courses ou arborer des vêtements tape-à-l'œil au milieu de leur bande de voyous en ville – le soldat, dur, fiable, efficace, qu'ils pouvaient si promptement devenir. La transformation était remarquable.

Ça n'était pas simplement l'uniforme, même si c'en était la marque ; ni la création, à travers l'exercice, d'un homme générique dont toutes les qualités personnelles et privées avaient été extirpées. Le civil chez ces hommes survivait. On le voyait à la façon qu'untel avait de porter son chapeau, ou dans le morceau d'étoffe qu'il choisissait – un vieux pan de chemise ou de tricot de corps, une bande de flanelle, une chaussette – pour protéger la culasse de son fusil. On l'entendait à l'inflexion unique de sa voix, même prononçant l'ordre ou la réponse les plus conventionnels. C'était la garantie qu'un jour ils cesseraient d'être des soldats pour redevenir des maîtres d'école, des mécaniciens, des ouvriers d'usine, des tubeurs aux courses.

Ça lui était arrivé aussi à lui. Il avait de façon assez inattendue découvert en lui-même, tapies là sous le gilet à fleurs et la montre à gousset de son grand-père, les caractéristiques d'un officier. Il était calme et gardait son sang-froid ; il était attentif à ses hommes ; ceux-ci lui faisaient confiance. Il était aussi extraordinairement chanceux et, avec sa chance, avait vu au cours des derniers mois tomber beaucoup d'hommes moins heureux que lui. Ces toutes nouvelles recrues – qui maintenant se mettaient en marche à son signal, et la ligne commençait à bouger – tomberaient elles aussi. C'étaient des « troupiers » sur le point d'être « injectés », des « hommes » dans le plan plus vaste d'un général, des « renforts », et ce seraient bientôt des « pertes ». C'étaient aussi Patate, Neige, Moustique, Bleu, Tommo. Même lui avait un surnom. Quand il l'avait appris, il avait été étonné que celui-ci reflète quelque chose de profond en lui dont il ignorait l'existence jusqu'à ce qu'un homme d'esprit, doué d'une impertinence bien de chez eux et d'une rare sagesse populaire, le lui offre en cadeau. Il en était reconnaissant. C'était comme une identité neuve. La guerre l'avait recréé comme elle avait recréé tous les autres. Non pour toujours, mais d'une façon dont jamais il ne se déferait entièrement.

Ashley, dont l'esprit avait tendance à généraliser, avait vu très clairement depuis le début que ce qui était à l'œuvre ici, c'était l'émergence d'un nouvel ensemble de conditions. Rien, après cela, ne serait jamais plus pareil. La guerre était en train de se développer comme une branche de l'industrie. Plus tard, ce qui avait été appris sur le champ de bataille remonterait à l'arrière, et l'industrie dorénavant, peut-être toute la vie, serait organisée comme la guerre. Même si elle était décisive, la prochaine bataille ne serait pas la fin ; c'était une autre étape dans le processus.

Il semblait maintenant plus important que jamais de se raccrocher aux noms, aux surnoms, y compris le sien, et si sa chance persistait, de rentrer. Et, ayant appris enfin quelles étaient les clauses – et en expiation du sang qu'il avait sur les mains –, de résister.

16

Jim s'appuyait, mi-assis, mi-couché, contre la paroi du fossé, heureux de sentir la terre contre sa joue, contre son épaule aussi, alors qu'il attendait fusil en main le coup de sifflet qui leur donnerait le signal.

Ils étaient montés dans le noir en suivant un ruban blanc et des pieux, blancs également, qui avaient été fichés dans le sol mais qu'un orage avait emportés dans la nuit. Après des semaines d'un temps chaud et poussiéreux, les pluies étaient arrivées et la terre détrempée ruisselait. À peine une heure plus tôt, il y avait eu un bombardement. Tant d'hommes avaient été tués dans la tranchée de troisième ligne qu'on avait fait monter avec les autres les compagnies qui étaient retenues là, si bien qu'ils étaient maintenant tous entassés dans le même espace étroit, un terrible attroupement d'hommes sonnés, anxieux, exaltés, qui attendaient solennellement.

Jim parcourut du regard la rangée d'hommes qui

se tenaient mi-debout, mi-affalés contre la paroi d'en face. C'était comme voir son propre groupe reflété dans une glace, ou comme regarder la paroi elle-même, car les hommes, avec leurs uniformes couverts de boue, ne ressemblaient guère plus, dans la pénombre, qu'à une autre paroi bâtie avec des visages creusés de profondes ornières et semblables à du roc, mâchoires hérissées de chaume, peau graisseuse qui luisait là où elle était tendue sur les os du crâne, phalanges granuleuses de terre, grain grossier des cous au-dessus des cols au bord crasseux, étoffe des uniformes grossière aussi ; et toute d'une seule couleur comme les visages, la couleur de la terre qui permet à un homme de disparaître sans être vu dans le paysage, ou de se fondre, épaules voûtées, coudes et genoux fléchis, dans une paroi.

Mais la paroi était en mouvement, même dans son immobilité. Les corps n'étaient pas tous là. Le sien n'y était pas. Certains se trouvaient dans le passé et dans un autre pays ; d'autres pouvaient déjà avoir franchi d'un bond les prochaines minutes et se trouver là-bas dans le futur, sous la tempête de feu, ou même être parvenus au-delà dans quelque calme et verdoyante journée sur sa rive opposée. Ceux qui se tenaient ici impassiblement campés dans le présent étaient profondément rentrés en eux-mêmes et occupés à s'accorder au flot continu du sang qui circulait en eux du crâne aux pieds, suivant encore miraculeusement son ancien cours ;

ou à cette froideur au creux de l'estomac qu'aucun rhum ne pouvait réchauffer ; à cette contraction dans l'aine lorsque l'on resserrait les ceintures, cette rétraction de leurs parties les plus intimes qui disait : *Stop, pas plus loin, la ligne s'arrête ici.* Ils communiaient avec eux-mêmes en empruntant les mots de vieilles prières enfantines, prononçant les noms de ceux pour lesquels on leur avait enseigné à prier, leurs aimés ; ils se berçaient eux-mêmes, se réconfortaient, s'appelant toujours par leur propre nom, mais tel qu'ils l'avaient entendu quand ils étaient si jeunes que ce nom leur semblait encore nouveau et imprononçable ; tenant à distance sur leur souffle cette autre forme de parole, le contre-souffle d'un sortilège épelé à l'envers, le sans-nom de l'extinction qui, si on le laissait prendre une forme réelle, risquait de s'introduire profondément dans les muscles ou de trouver une cachette dans les plus obscures cellules. *Non, je ne vais pas mourir.*

Un gars, calmes yeux gris et bouche mince, fumait. De pâles nuages dérivaient devant lui, plus gris que son visage, et ses yeux ressemblaient à des silex dans un mur. Il arrondit la main, tira à nouveau sur la machine à nuages. Encore une longue nuée, gris fumée. Et derrière, la main carrée faite de terre solide.

Je prends trop d'avance, songea Jim. *Ça, c'est pour plus tard. Je devrais revenir où je suis.*

Rien de cela ne lui vint formulé ainsi. Il le perçut,

ou bien cela se déploya en lui. Ce qu'il vit comme un fait net, ce fut une rangée d'enfants attentifs, à la fois graves et ensommeillés, attendant, les genoux remontés contre la poitrine, que reprenne un voyage après une brève halte. Il pensa cela parce que l'endroit où ils attendaient avait été une gare sur la ligne Menin-Ypres. Des enfants auraient pu naguère avoir attendu ici avant de s'embarquer pour de lentes expéditions à la ville. Il ferma les yeux et aurait pu dormir.

Il se sentait extérieur à lui-même.

Ce n'était pas le rhum ; il n'en avait pas eu assez pour ça – rien qu'une gorgée, chaude comme le sang. Il avait déjà éprouvé cette sensation avant, dans des parties distinctes de son corps. Ses pieds, par exemple. Dans le froid intense de l'hiver, ils lui avaient parfois semblé à des milliers de kilomètres de distance, et même des dizaines de milliers, tout à fait hors d'atteinte. Il s'était dit qu'ils avaient fini par être écœurés de tout ça et s'en étaient retournés sans lui au pays, et il les avait imaginés laisser leurs empreintes nues dans le sable, parmi des plumes de mouette, des coquilles de couteau et les marques en forme de griffures à trois doigts des huîtriers au bord des vagues.

Là, c'était différent. C'était lui tout entier.

Il était parfaitement réveillé, l'esprit clair, conscient de l'étoffe rugueuse de son uniforme, du poids de son paquetage, de sa sueur et de sa puanteur qui étaient en partie de la peur ; mais dans le même temps, alors que déjà il entendait le sifflet et se dressait pour escalader le parapet, hissant tout son poids de paquetage, fusil, bottes, uniforme, et pénétrait dans la cacophonie de sons, il était extérieur à lui-même et flottant, voyant la scène de très haut telle qu'elle aurait pu être vue depuis le biplan de Bert, éloignée et silencieuse. Peut-être avait-il, quelque part en lui, endossé la nature d'un oiseau ; mais c'était avec un œil humain qu'il voyait, et son corps, encore entièrement sien, l'accompagnait, crapahutant pesamment en contrebas, nettement perceptible alors qu'il sautait d'un bond par-dessus des marmites et trébuchait sur des mottes de terre, dans un rêve haletant de grêle noire qui pleuvait tout autour de lui et de corps projetés en arrière ou s'effaçant lentement à son côté. Il n'y avait aucun changement. Mais il évoluait dans un lieu et voyait les choses depuis un autre, et découvrait aussi, de là-haut, dans une grande perspective circulaire, tout le paysage à travers lequel il se mouvait : les lignes irrégulières des tranchées, qui n'avaient aucun sens au niveau du sol, celle qu'il avait quittée et celle, toute de casemates en quinconces, vers laquelle ils avançaient, où les mitrailleuses en batterie crachaient des lignes de feu et fauchaient l'air. La terre entre les deux, sur laquelle ils couraient, n'était que trous et ornières inondées, branches fracassées, tas de ciment pulvérisé. Mais vue d'en haut, avec toutes ses irrégularités aplanies, elle pouvait fort bien apparaître comme une étendue de pays tout à fait ordinaire, verte par endroits et trempée de pluie, sur laquelle de petites créatures couraient et tombaient sans que l'on comprenne pourquoi, masse groupée et solide qui commença à se disloquer et à créer des espaces, tel un nuage qui se désagrège.

Il voyait tout, y compris lui-même, silhouette lointaine se mouvant au ralenti à l'intérieur : la longue perspective de toutes leurs vies, dont la sienne – tous ceux qui couraient, pliés en deux, en direction des mitrailleuses, et des hommes qui les manœuvraient ; ceux qui étaient tombés et mouraient à grand bruit ; les nouveaux morts et les anciens ; sa propre vie ni plus ni moins importante que celle des autres, même dans sa propre vision de la chose, mais unique parce que c'était dans sa tête qu'elle était contenue et dans son regard que toutes ces vies en équilibre l'espace d'un instant existaient : les hommes s'adonnant à leur étrange entreprise de tuer et d'être tués, mais aussi les rats, les cloportes sous les troncs, un escargot peut-être occupé à escalader une tige, tout à fait sourd aux bruits de la bataille, un oiseau égaré ou deux, comme le couple de traquets motteux qu'il avait vus un jour dans un champ très semblable à celui-ci, le mâle avec son dos gris et sa couronne, la femelle brunâtre, tous deux ayant passé une matinée entière à voleter à découvert pendant que lui, allongé avec une paire de jumelles d'emprunt vissée dans la tête, s'était absorbé dans leurs petites vies, dans leurs ordinaires arrangements domestiques, tout comme à présent, trébuchant de l'avant, il était d'une manière différente absorbé dans la sienne.

Il continua de courir. Étonné de pouvoir faire tenir tout cela dans sa tête en même temps et de voir combien la carte qu'il y transportait s'était si immensément agrandie.

17

Soudain, à ce qu'il sembla, bien que plusieurs minutes aient dû s'écouler, il se retrouva au sol à regarder au-dessus de lui un ciel bleu dans lequel des nuages se déplaçaient si lentement qu'il cligna des yeux, et puis cligna encore avant d'avoir la certitude qu'ils n'étaient pas complètement immobiles.

Il dériva avec eux. Il les regarda se défaire, étendre de longs doigts dans le bleu jusqu'à ce que ces doigts, toujours plus longs et plus minces, se dissolvent et deviennent partie intégrante de ce qu'ils désignaient.

Il cligna à nouveau des yeux. Le ciel avait bougé. D'immenses continents donnaient maintenant naissance à des îles, dans un processus de temps plus long que ce dont il avait eu conscience jusqu'à maintenant, et les îles aussi se dissolvaient, comme un comprimé dans un verre devient flou sur les bords avant de rétrécir, rétrécir. Bientôt elles aussi avaient disparu. Des siècles, cela avait dû prendre.

Quand il cligna à nouveau des yeux, c'était un jour complètement différent, ou une autre année, ou plusieurs siècles avaient passé, il ne savait en décider. Mais il était conscient à présent de la terre sur laquelle il gisait. Elle roulait.

Il voulut se redresser sur un coude pour regarder autour de lui et voir où il se trouvait. Il percevait une douleur, loin de l'autre côté de l'un des horizons, mais ne parvenait pas à se relever suffisamment pour la localiser. L'un des horizons était son propre torse. Au-delà palpitait une faible lumière, comme si un oiseau blessé lançait de pâles couleurs provenant de ses ailes tandis que son sang battait faiblement et s'écoulait dans la terre. Il n'y pouvait rien.

Jim tourna la tête. D'autres silhouettes gisaient de tous côtés autour de lui, certaines gémissantes, d'autres terriblement figées. Il savait qu'il devait chercher à signaler sa position aux brancardiers alors il tendit le bras vers son fusil qui se trouvait plus loin sur sa gauche ; il essaya de l'attraper, étirant les doigts ; et dans un lent accès de douleur il se souvint de doigts qui avaient désigné quelque chose et s'étaient dissous ; et, portant le regard par-delà l'horizon de son épaule jusqu'à ses propres doigts tendus qui se trouvaient encore à quelques centimètres de l'endroit où gisait son arme, il les vit eux aussi se dissoudre lentement dans la terre ; alors il ferma les yeux et les laissa s'en aller. Il ressentit le processus tout entier, un grossissement des grains dont sa chair était composée, puis leur relâchement et délitement progressif à mesure que sa main d'abord, puis son bras, puis son épaule se dissolvaient. Si les choses continuaient ainsi, il ne resterait rien de lui que les brancardiers puissent retrouver.

Il songea au bandage de premiers secours dans la poche droite de sa vareuse. S'il mobilisait la main gauche, soulevait les rabats et trouvait le petit sac blanc (il avait répété tout cela cent fois en pensée), il pourrait peut-être arrêter le processus de sa dissolution, mais il lui fallait d'abord trouver où il avait commencé, où était la plaie ; or étrangement, la douleur n'était pas suffisamment forte pour lui donner un indice quant à l'endroit où il était touché. La tête ? L'estomac ? Il songea aux mètres de bandage blanc – deux mètres et demi pour être précis – et, comme avant, s'imagina l'enrouler autour de sa tête. Il enroulait, enroulait, et le bandage semblait sans fin. Il faisait vingt mille kilomètres de long. De quoi l'étirer jusqu'à l'autre bout du monde. Jusqu'à la Côte. Jusque chez lui. Il commença à l'enrouler dans son esprit, lentement, avec soin, mais il n'était pas allé plus loin que quelques centimètres lorsqu'une sensation de somnolence le gagna, une ombre lente comme celle de la nuit, brouillant le contour des choses. Elle franchit la limite de son corps, s'insinua dans ses creux, le musela de silence. Il s'abandonna à elle.

Quand il cligna de nouveau des yeux, il n'était

plus sous le ciel. Il y avait une toile au-dessus de sa tête et de grandes ombres la traversaient, projetées par une lumière blanche d'acétylène. Il était au niveau du sol, loin en dessous, et par le rabat ouvert de la tente entrait un courant d'air frais.

C'était bondé ici. Mais étrangement silencieux. D'autres types, estropiés et sommairement bandés, chacun avec une étiquette blanche attachée à un bouton de sa vareuse, étaient étendus de tous les côtés, ou assis en groupes à fumer, rapprochés les uns des autres, très pâles et immobiles. Ils avaient, ces hommes, un air de patience éternelle ; l'air de s'être complètement abandonnés à un processus de lente dissolution comme celui qu'il avait observé dans le ciel et ressenti dans son propre corps. Leurs yeux avaient ce regard d'excuse muette qu'il avait vu dans ceux des chevaux tombés au bord de la route et qui attendaient, sans protester, qu'on les abatte. Leur immobilité, leur docilité, leur densité de chair, de hardes et de métal contrastaient vivement avec les ombres qui allaient et venaient sur les parois de la tente et se tordaient au plafond. Elles fondaient sur eux et étaient gigantesques. C'étaient elles que, patiemment, les autres attendaient : qu'elles les touchent et les soignent, qu'elles les soulèvent.

De temps à autre, ces ombres prenaient forme. Une sœur en cornette blanche, un homme en tablier de boucher tout imbibé de sang. Jim regarda, et il y avait un bloc où l'homme travaillait. Il en flairait l'odeur, et les yeux des autres, tout terrifiés qu'ils fussent, reprenaient vie en se posant dessus.

Sur sa gauche, de l'autre côté par rapport aux hommes qui attendaient, et qui étaient pour la plupart entiers, gisaient des pièces détachées, des membres humains. Une pile en désordre.

Je ne suis pas au bon endroit, songea Jim. *C'est pas ma place ici. J'ai jamais demandé à venir ici. Il faut que je m'en aille.*

Il le pensait, mais il savait que sa physionomie, anxieuse, soumise, devait être la même que celle affichée par ces autres visages. Ils formaient une fraternité. Ils avaient passé leur vie entière ainsi, à attendre à un pas du bloc, même lorsqu'ils se trouvaient dans une rue sûre en ville ou un jardin à la campagne, même chez eux en Australie. *C'est donc ça ?* se demanda Jim. *Devra-t-il donc toujours en être ainsi ?*

Il se tourna pour examiner l'homme sur sa droite, qui était lui aussi étendu sur une paillasse, et vit qui c'était.

Comment est-il arrivé ici ?

Il ferma les yeux. C'était le lieu qui précédait le bloc du boucher. Il ne voulait pas qu'on le soulève.

« Jim ? »

Il connaissait cette voix.

« Jim Saddler ? »

On l'appelait pour la deuxième fois.

C'était Ashley Crowther. Il était là, juste à droite, lui aussi à la boucherie. Jim cligna des yeux. Oui, c'était bien Ashley. Il portait une étiquette à bagage comme tous les autres, attachée avec de la ficelle à un des boutons de sa vareuse.

Il avait vu Ashley deux fois depuis leur arrivée en France. Cela remontait aux tout premiers temps, quand les choses étaient encore calmes, leurs bataillons s'étaient trouvés dans la même colonne et ils s'étaient tenus debout ensemble un jour sur un terrain vague, au même niveau, exactement comme ils auraient pu l'être chez eux, et ils avaient fumé une cigarette. C'était un dimanche après-midi. Froid et silencieux.

« Écoute, avait dit Ashley. De la musique d'harmonie. » Et Jim, dont l'ouïe était suffisamment fine pour capter n'importe quel chant d'oiseau mais qui n'avait pas pris conscience de la musique, l'entendit qui leur parvenait faiblement depuis les lignes ennemies. Avait-elle été là l'instant d'avant, ou Ashley, comme par magie, l'avait-il fait advenir ?

« Von Suppé », avait dit Ashley, levant un doigt pour diriger les curieux sons flottants des cuivres d'un dimanche après-midi.

« Écoute », disait-il maintenant. Et sa voix se rapprocha. « Est-ce que tu m'entends, Jim ? »

Leur deuxième rencontre s'était produite il y avait moins d'un mois. Ils étaient montés vers le nord, en repos, et le dernier soir, après une journée entière d'exercice – car « repos » était juste le nom d'une autre sorte d'activité, moins dangereuse mais non moins fatigante que la vie dans les tranchées –, on leur avait fait remonter la route au pas jusqu'à un château abandonné où plusieurs camarades se trouvaient assis sous des arbres dans la lumière du crépuscule tandis que d'autres faisaient la queue à un estaminet de fortune.

Un piano avait été descendu du château, un grand piano droit à cadre métallique avec des bougeoirs en bronze. Il trônait sous les arbres avec une bâche au-dessus en cas de pluie. Plusieurs hommes, l'un après l'autre, avaient entonné des chansons populaires que tous avaient reprises en chœur, et un sergent aux cheveux roux appartenant à l'un des régiments anglais avait joué un solo à l'harmonica. Plus tard, un garçon dont la voix n'avait pas encore mué avait chanté « O for the wings of a dove[1] » : c'était un son d'une telle pureté, si haut, si clair, que tout le verger s'était tu, une voix ni masculine ni féminine qui ressemblait, lorsque vous vous détendiez et fermiez les yeux, à la voix d'un ange, même si, quand vous les rouvriez pour regarder, elle s'élevait de la bouche d'un enfant vêtu d'un uniforme dépenaillé et rapiécé guère différent des autres, debout tête nue dans la lumière vacillante des chandeliers du piano, et qui, lorsqu'il eut fini et dénoua ses grandes mains, sembla embarrassé de l'émotion qu'il avait suscitée, plein d'humilité face au don qui était le sien.

Le concert se poursuivit dans l'obscurité. Jim

1. « Ô pour les ailes d'une colombe » (Mendelssohn).

entendit un rossignol, puis un autre, et il régla son écoute, par-delà la musique des hommes, sur ce son – même si la musique le ravissait aussi : c'était bon d'avoir les deux. Il repensa à ce qu'avait affirmé Mrs McNamara, il y avait si longtemps de cela, que c'était le plus beau de tous les chants d'oiseaux, et au regret de l'autre jeune fille de ne l'avoir jamais entendu. Eh bien, il l'avait entendu. Il l'entendait en ce moment. Les arbres, même s'ils avaient été durement bombardés, étaient couverts de feuilles et, le moment venu, même sans personne pour les soigner, ils porteraient des fruits. Telle était leur nature. Là-haut, toutes à l'envers comme il était de mise dans ces contrées, les étoiles brillaient. Très loin, les canons résonnaient. Ça ressemblait au tonnerre en été, dont on n'a pas à se préoccuper : l'orage de quelqu'un d'autre. Jim s'assoupit.

Lorsqu'il se réveilla, il était tard et la foule des hommes s'était amenuisée. Quelqu'un jouait du piano. Des notes, songea-t-il, qui auraient pu avoir été empruntées au chant du rossignol et enjolivées, tout en trilles délicats. L'étrangeté du lieu, le grand air, ou bien la tension de ses nerfs dans ces dernières heures avant le retour au front produisirent un effet étrange sur lui, et il se sentit puissamment affecté. Il se redressa sur un coude et écouta.

La musique n'était ni gaie ni triste, elle n'avait besoin d'être ni l'un ni l'autre ; elle était comme le langage – par-delà la parole connue – qu'utilisent les oiseaux et dont il avait la douloureuse intuition qu'il était maintenant sur le point de le saisir et le comprendre ; et s'il y parvenait, même brièvement, beaucoup de choses s'éclairciraient pour lui qui sinon demeureraient cachées. Il regarda en direction du cadre en bois semblable à un autel avec ses cierges vacillants et reconnut aussitôt l'homme qui jouait. C'était Ashley Crowther.

Il paraissait différent, transformé ; Jim en fut étonné. C'était comme si la musique rassemblait tout son être physique. Dans l'intensité de sa naissance au bout de ses doigts, son corps entier – épaules, cou, tête – se ramassait dans une sorte d'attention, comme au garde-à-vous, que Jim ne lui avait jamais vue précédemment.

Toujours revêtu de cette nouvelle fermeté de contour, Ashley Crowther était ici à présent. Sa voix se rapprocha encore un peu.

« Est-ce que tu m'entends, Jim ?

— Oui. »

Il avait une petite croix au milieu du front. Une blessure ? La marque de Caïn ? Jim était perplexe. Il avait vu un homme blessé de la sorte, le corps relativement intact, avec juste un petit trou en forme d'étoile au milieu du front. Sauf que là, c'était une croix.

« Jim, il faut qu'on se tire d'ici. Je connais le chemin. Auras-tu la force de te lever ? Je vais t'aider.

— Oui », dit Jim, décidant de prendre le risque, et dans l'obscurité il eut conscience du sifflement soudain d'une respiration qui était l'impatience de son père.

Il se redressa sur ses coudes. Ashley se pencha et plaça une main sous son bras. Il se sentit soulevé, mais pas en direction du bloc. Il se mit debout et Ashley le soutint. Le soulagement qu'il éprouva avait à voir avec la force des bras d'Ashley – qui se serait jamais attendu à ça ? – mais aussi avec sa propre capacité, une fois encore, à accepter et faire confiance.

« Par ici. Personne ne nous arrêtera. »

Les infirmières étaient trop occupées ou trop fatiguées pour surveiller ce qu'ils faisaient, et l'homme au tablier ensanglanté, tout brillant et cerné d'ombres profondes dans l'éclat de la lumière blanche du bloc, était totalement absorbé. Ils leur passèrent sous le nez, se glissèrent sous le rabat de la tente et sortirent dans la nuit. Jim exhala un énorme soupir de soulagement. Lui aussi portait une étiquette dont la ficelle était entortillée à un bouton de sa vareuse. Voilà maintenant qu'il l'arrachait d'un coup sec, bouton et tout, et la jetait dans la boue. Il n'avait plus besoin d'étiquette à son adresse. Bien qu'Ashley, à ce qu'il vit, portât toujours la sienne.

« Par ici », dit Ashley, et ils traversèrent le champ d'un pas rapide en direction d'un petit bois. Le clair de lune était limpide.

Difficile de dire combien de temps ils marchèrent. Le jour se leva, et au fond des bois les oiseaux s'éveillèrent.

« Ici, dit Ashley. C'est ici. »

C'était une clairière, plutôt vaste, et Jim se dit qu'il y était déjà venu. Et oui, oui, il y était déjà venu ! C'était là qu'il avait ramassé du bois mort avec les autres et qu'il avait vu le vieil homme creuser. Non, pas des tombes, seulement pour planter. Il avait souvent repensé à cet homme, mais l'endroit lui-même il l'avait oublié, et il était surpris à présent de voir combien les bois étaient touffus, comment les arbres broyés s'étaient régénérés avec la pousse de l'été, dissimulant leurs blessures, et, avec l'arrivée de l'automne, étaient en train de changer de couleur et de se dépouiller. Il y avait sous leurs pieds d'épais tapis de feuilles. Qui craquaient. Et quelques oiseaux qui continuaient à chanter : deux grives et, un peu plus loin quelque part, un pinson. Jim s'avança, quittant la douce lumière oblique. Il y avait un jardin dans la clairière, des rangées régulières de plants qui ressemblaient à des pommes de terre, et des silhouettes au dos sombre qui se déplaçaient lentement étaient à genoux entre les rangs et creusaient.

Il se dégagea du bras d'Ashley et se dirigea vers eux en chancelant. La terre sentait si bon. C'était une odeur qui appartenait au commencement des choses ; il aurait pu y enfouir son nez comme un cochon ou un veau à peine sevré, et l'idée de s'emplir les mains de sa souplesse de pâte à pain était irrésistible. Avoir de la terre sous les ongles ! Se laissant tomber à genoux, il se mit gauchement à pétrir la terre, qui était chaude, humide, délicieusement friable, puis à y enfoncer les ongles comme les autres le faisaient. C'était si bon.

« C'est ça, mon pote. T'as trouvé le truc ! Creuse ! »

Jim se retourna, stupéfait. C'était Clancy Parkett, qu'il avait vu pour la dernière fois il y avait près d'un an et qu'il croyait mort, déchiqueté en tellement de morceaux qu'on n'avait jamais rien retrouvé de lui excepté ce dont Jim lui-même était recouvert. Pour offrir un enterrement décent à ce pauvre Clancy, avait dit un plaisantin, il aurait fallu les enterrer tous les deux. Et voilà qu'il se tenait devant lui, plutôt intact en fin de compte, souriant largement et se raclant le menton d'un pouce noirci. Il aurait dû s'en douter, Clancy était capable de se tirer de tout.

« Je croyais que t'avais sauté, dit stupidement Jim. Tu t'es volatilisé dans les airs.

— Non, mon pote, lui dit Clancy. Pas dans les airs. Dans la terre. » Et il souleva une poignée de glaise à l'odeur généreuse. « C'est la seule issue maintenant. On creuse pour ressortir de l'autre côté.

— Mais ça va prendre tellement de temps… », observa Jim avec bon sens.

Clancy rit. « On a tout le temps du monde, mon pote. Pas d'inquiétude pour le temps. Et ça vaut mieux que d'essayer d'y aller à pinces. »

Jim, dubitatif, commença à creuser. Il regarda autour de lui. D'autres en faisaient autant, alignés en longues files, et il était surpris de voir combien la clairière était vaste. Elle s'étirait jusqu'à l'horizon qui s'éclairait. Ce n'était pas une clairière mais un champ, et, plus qu'un champ, un paysage : si vaste, à mesure que le soleil du matin frappait les sillons, qu'on pouvait voir la courbure de la Terre. Il y avait des centaines d'hommes, couverts de boue, les cheveux longs, barbus, leurs uniformes en haillons, penchés au-dessus de la terre noire, occupés à creuser. Ce n'était donc rien de grave, en fin de compte. Sinon pourquoi auraient-ils été si nombreux à le faire ? Leurs files s'étiraient à l'infini. Il distinguait à peine les derniers hommes, tant ils étaient minuscules à l'horizon. Et Clancy. Clancy était loin d'être un idiot.

Il se mit à creuser pour de bon. Il se retourna une fois, cherchant Ashley des yeux, mais Ashley Crowther avait disparu.

Jim creusa donc avec les autres. La terre était grasse et chaude, elle fleurait tout ce qui est bon, et il n'avait pas mal au dos, contrairement à ce qu'il avait imaginé. Ni aux genoux. Et c'était vrai, après tout, ils avaient le temps, si loin que ça puisse être. La route directe – tout droit à travers. Il leva les yeux, croisa le regard plein d'humour de Clancy, et tous deux se sourirent. C'était peut-être bien ce pour quoi des mains étaient faites, songea Jim, ce creusement continu de la terre, tout comme des ailes étaient faites pour voler au-dessus de la courbure de la Terre vers une nouvelle saison. Il s'agenouilla et creusa.

18

Imogen Harcourt, transportant toujours son équipement – appareil photo, plaques, trépied – « tels les instruments du martyre », ainsi qu'elle l'avait naguère confié à Jim, descendait vers la plage dans le sable fin des dunes.

Une claire journée d'octobre.

Octobre, ici, c'était le printemps. Grand soleil, pas de vent.

La mer creusait des chenaux dans la plage, de grands V délicatement striés sur les bords et nervurés à l'intérieur, où la lumière du soleil ondulait : deux, trois centimètres d'or scintillant. Et plus loin, les vagues. De grands murs d'eau demeuraient suspendus un instant, levés vitreux à la verticale, avant de se ruer en avant sous une averse d'embruns, dans un bouillonnement blanc qui accourait vers ses bottes en sifflant. Il y avait des mouettes, de denses nuées planant au ras des moutons blancs et occupées à pêcher, des huîtriers fusant après les crabes, des sternes huppées. Une scène calme qui était pleine d'intense activité et d'infini changement.

Elle déposa son équipement – son intention n'était nullement de travailler, elle transportait tout cet attirail par la force de l'habitude et parce qu'elle n'aimait pas s'en séparer : c'était tout ce qu'elle avait, une extension d'elle-même à laquelle elle ne pouvait désormais renoncer. Elle fit glisser la sangle de son épaule, se délesta du tout, puis s'assit lourdement à côté, silhouette solitaire avec son chapeau de guingois sur le sable blanc qui s'étirait à perte de vue, aussi loin que l'estuaire de Broadwater et la pointe sud de l'île Stradbroke d'un côté, et jusqu'à Point Danger et la frontière avec la Nouvelle-Galles du Sud de l'autre. Tout ce paysage était intact. Personne ne venait ici. Devant elle, assise bottes enfoncées dans le sable et genoux remontés contre la poitrine, c'était le Pacifique, bleu jusqu'à l'horizon, et au-delà, le Pérou.

« Qu'est-ce que je fais ici ? » se demanda-t-elle peut-être pour la millième fois sans trouver de réponse, mais sachant que si elle était rentrée dans le Norfolk, la même question se serait posée, sans obtenir davantage de réponse.

« Je fais, se dit-elle avec fermeté, ce que font ces mouettes. Ces huîtriers. Ces sternes. » Elle enfonça énergiquement son vieux chapeau sur ses boucles.

La nouvelle de la mort de Jim était déjà arrivée. Elle l'avait apprise par hasard au magasin du village, puis entendue de nouveau de la bouche de

Julia Crowther, qui lui annonça aussi qu'Ashley Crowther avait été blessé dans la même offensive, mais pas sur la même section du champ de bataille, et qu'il était en convalescence en Angleterre. Puis un jour, elle avait croisé le père de Jim.

« J'ai perdu mon garçon », lui dit-il d'un ton accusateur. Il ne s'était jamais adressé à elle auparavant.

« Je sais, dit-elle. J'en suis vraiment navrée. »

Il la considéra d'un air farouche. Elle aurait voulu ajouter quelque chose, dire qu'elle comprenait un peu ce qu'il devait ressentir, que pendant deux jours d'affilée elle avait été incapable de bouger ; mais ç'aurait été se vanter de son chagrin et revendiquer pour elle-même une chose à laquelle elle n'avait pas droit et qui était trop personnelle pour être partagée, même si elle percevait obscurément que la partager avec cet homme, qui la foudroyait d'un regard si menaçant et avec une haine si profonde pour tout ce qu'il voyait, lui offrirait peut-être une sorte de délivrance et permettrait à Jim, maintenant qu'il était mort, de revenir dans sa vie. Mais que ressentait-il ? À quoi ressemblait son chagrin ? Elle n'en savait rien, pas plus qu'il n'aurait pu deviner ou mesurer sa peine à elle. Elle ne dit rien. Il n'invitait pas à la compassion. Ce n'était pas pour cela qu'il l'avait accostée.

À présent elle était assise sur la plage et observait les vagues, l'une après l'autre, se lever, se ramasser sur elles-mêmes et rester en suspens un instant, retenant le soleil sur leurs crêtes, avant de s'effondrer. Il y avait un rythme là-dedans. Mathématique. C'était apaisant, ça vous permettait, une fois que vous l'aviez perçu, de respirer. Peut-être passerait-elle des oiseaux aux vagues. Elles étaient aussi variées et aussi difficiles à saisir dans leur unicité.

Voilà, c'était ça, la pensée qu'elle cherchait à capter. Son esprit se rassembla et la retint, le temps d'une respiration, avant que l'attraction terrestre ne la désintègre et l'envoie déferler avec la même énergie dans le flux des choses. Ce qui lui avait déchiré le cœur dans la réalité de la mort de Jim, c'était le gâchis que cela représentait, toutes ces journées accumulées pour déboucher sur rien sinon son absurde et brutale extinction. Son chagrin gisait dans cette vision pénétrante qu'elle avait eue de lui ce tout premier jour, lorsqu'elle l'avait vu assis, tout son être intensément concentré sur l'image qu'elle avait prise du chevalier, la tenant serrée dans sa main mais la tenant aussi dans son œil, dans son esprit, absorbé par le caractère unique de la petite créature telle que l'objectif l'avait saisie en cet instant précis, avec sa tête penchée, son œil alerte et farouche, et en pénétrant ainsi ce moment unique de la vie de l'oiseau – cet oiseau était parti, peut-être ne le reverraient-ils plus jamais –, apportant à ce moment, dans la vision qu'elle avait eue de lui, son être propre, lequel était au même instant tellement semblable aux oiseaux, alerte, unique, absolument présent.

C'était cette intense concentration de tout son être – c'est *moi*, Jim Saddler – qui la frappait de chagrin, mais c'était aussi ça – et pas simplement non plus en tant qu'image – qui survivait. Ça en soi. Non pas tel qu'elle aurait pu le préserver dans un cliché qu'elle n'avait, en fait, jamais pris, ni même tel qu'elle l'avait conservé pendant si longtemps dans sa tête sous la forme d'une image non photographiée, mais ça en soi, tel qu'en son moment *c'était*. Voilà ce que signifiait la vie, une présence unique, et elle était essentielle en toute créature. Placer quoi que ce soit au-dessus, naissance, condition ou même talent, revenait à dénier à tous sauf quelques-uns parmi les millions infinis ce qui était commun et réel, et ce qui était aussi, en fin de compte, le plus émouvant. Une vie n'était pas faite *pour* quelque chose. Elle était, simplement.

Toute la matinée, et jusqu'en début d'après-midi, elle observa les vagues grandir, ralentir et tomber les unes après les autres sur des décennies, sur des siècles ; et elle se préparait, avec lassitude, à ramasser son équipement pour rentrer – elle s'était levée en fait, le trépied sur l'épaule – quand elle aperçut quelque chose d'étonnant.

Un adolescent marchait… non, courait sur l'eau. Se mouvait rapidement à sa surface. Suspendu là dans un équilibre délicat, bras levés et genoux fléchis, comme retenu par des fils invisibles. Elle n'avait jamais rien vu de semblable. Il glissait rapidement vers elle ; puis, à la crête de la vague, nettement découpé contre le ciel, il dévala dans le creux noircissant, chuta, et elle vit une espèce de planche lancer un éclair dans la lumière du soleil et s'envoler derrière lui.

Elle ne bougeait pas. Fascinée. L'adolescent, ayant récupéré la planche dans le bouillonnement blanc près du rivage, s'agenouilla dessus et se mit à ramer contre les vagues. Loin au large, où les vagues enflaient et commençaient, elle le vit, simple point sur l'eau ensoleillée, ramer à nouveau, puis miraculeusement se lever, se déplaçant plus vite à présent, et la performance entière fut répétée : l'équilibre, la danse immobile à la surface, la brève gravure de son corps contre le ciel à l'instant précis où, sur la lèvre de la vague, il glisserait dans ses creux et chuterait.

Ça aussi, c'était une image qu'elle conserverait dans son esprit.

Jim, se chuchota-t-elle à elle-même, *Jim, Jim*, et elle étreignit un peu son buste, levant son visage vers la brise légère qui s'était levée avec l'après-midi et la sentant plus froide là où les larmes coulaient. La silhouette de l'adolescent, qui glissait dans sa direction, se brouilla juste avant la chute.

Elle ramassa son appareil photo et passa la sangle à son épaule. Où une marque s'était imprimée. Elle tourna le dos à la mer et commença à gravir la lourde pente où ses bottes s'enfonçaient et s'emplissaient de sable, faisant doucement rouler les grains derrière elle. Au sommet, parmi le pourpier qui maintenait les dunes, elle se retourna et l'adolescent était toujours là, bras écartés, chevauchant les vagues.

C'était nouveau. Tant de choses étaient nouvelles. Tout changeait. Le passé ne tiendrait pas et ne pouvait être retenu. Un jour prochain, il se pourrait qu'elle photographie cette chose nouvelle. Saisir son moment, son brillant équilibre, là-haut, de mouvement et d'immobilité, d'énergie tendue et de souplesse – ça, ce serait quelque chose.

Cet empressement à se tourner, l'espace d'un instant, vers l'avenir la surprit et lui fit mal.

Jim, gémit-elle en silence, quelque part très profondément. *Jim. Jim.* Il y avait là au-dedans une femme en deuil qui se balançait éternellement d'avant en arrière ; une femme que personne ne verrait jamais et qui était pourtant bien elle.

Mais avant de se laisser tomber sous la crête des dunes, tant que l'océan était encore en vue, elle se retourna et regarda encore.

REMERCIEMENTS

La traductrice remercie Jean-Yves Mondain-Monval pour plusieurs précisions d'ordre ornithologique.

Et dédie sa traduction à la mémoire de Jim Marshall. « Envole-toi, Jim ! »

Du même auteur
aux Éditions Albin Michel :

HARLAND ET SON DOMAINE, 1986
CE VASTE MONDE, 1991
JE ME SOUVIENS DE BABYLONE, 1995
DERNIÈRE CONVERSATION DANS LA NUIT, 1998
L'ÉTOFFE DES RÊVES, 2003
CHAQUE GESTE QUE TU FAIS, 2012
UNE RANÇON, 2013

PAPIER À BASE DE FIBRES CERTIFIÉES

Le Livre de Poche s'engage pour l'environnement en réduisant l'empreinte carbone de ses livres. Celle de cet exemplaire est de :
350 g éq. CO_2
Rendez-vous sur www.livredepoche-durable.fr

Composition réalisée par NORD COMPO

Achevé d'imprimer en France par
CPI BUSSIÈRE (18200 Saint-Amand-Montrond)
en août 2020
N° d'impression : 2052108
Dépôt légal 1re publication : octobre 2019
Édition 03 - août 2020
LIBRAIRIE GÉNÉRALE FRANÇAISE
21, rue du Montparnasse – 75298 Paris Cedex 06

46/1340/5